D1591083

TODOS PUEDEN

HABLAR BIEN
EN PÚBLICO

Roberto García Carbonell

TODOS PUEDEN HABLAR BIEN EN PÚBLICO

Método completo de
EXPRESIÓN ORAL-CORPORAL

MADRID - MÉXICO - BUENOS AIRES - SAN JUAN - SANTIAGO

2017

© 2016, Roberto García Carbonell
© 2016. De esta edición, Editorial EDAF, S. L. U. Jorge Juan, 68. 28009 Madrid

Diseño de cubierta: Gerardo Domínguez

Editorial Edaf, S.L.U.
Jorge Juan, 68
28009 Madrid, España
Tel. (34) 91 435 82 60
www.edaf.net
edaf@edaf.net

Ediciones Algaba, S. A. de C.V.
Calle 21, Poniente 3323, entre la 33 sur y la 35 sur - Colonia Belisario Domínguez
Puebla 72180 México
Tel.: 52 22 22 11 13 87
jaime.breton@edaf.com.mx

Edaf del Plata, S. A.
Chile, 2222
1227 Buenos Aires (Argentina)
edaf4@speedy.com.ar

Edaf Antillas/Forsa
Local 30, A-2 - Zona Portuaria Puerto Nuevo
San Juan PR00920
(787) 707-1792
carlos@forsapr.com

Edaf Chile, S. A.
Coyancura, 2270, oficina 914, Providencia
Santiago - Chile
comercialedafchile@edafchile.cl

Queda prohibida, salvo excepción prevista en la ley, cualquier forma de reproducción, distribución, comunicación pública y transformación de esta obra sin contar con la autorización de los titulares de propiedad intelectual. La infracción de los derechos mencionados puede ser constitutiva de delito contra la propiedad intelectual (art. 270 y siguientes del Código Penal). El Centro Español de Derechos Reprográficos (CEDRO) vela por el respeto de los citados derechos.

ISBN: 978-84-414-3718-0
Depósito legal: M-40249-2016

PRINTED IN SPAIN   IMPRESO EN ESPAÑA
COFÁS, S. A. - Móstoles (Madrid)

Video meliora proboque;
deteriora sequor...

OVIDIO

Índice

ESCALÓN III

4. EXIGENCIAS DE LA COMUNICACIÓN ORAL

7. EXPRESIÓN ORAL Y COMUNICACIÓN DEL PENSAMIENTO

ESCALÓN VII

Índice de ejercicios

Prólogo a la edición corregida

ESTE libro es un *long seller.* Vuelve ahora renovado. Revestido de su nueva imagen, para servir a los lectores que han comprendido que necesitan hablar bien, con *aplomo* y *seguridad,* en público, en los negocios, en la conversación profesional y privada. Viene precedido del éxito que conlleva su venta regular y permanente a lo largo de sus más de tres décadas de presencia ininterrumpida en el mercado nacional e internacional.

Una legión de lectores agradecidos lo ha convertido en un clásico para la enseñanza de la oratoria y del arte de hablar bien en público. Sus aportaciones teóricas, los ejercicios y las prácticas de coordinación física que contienen concretan el método más sencillo, completo y efectivo para satisfacer a los lectores deseosos de renovarse y de conseguir lo que se propongan.

Su autor, el profesor Roberto García Carbonell, con más de cuatro décadas dedicadas a la divulgación y a la enseñanza de las habilidades directivas y a la ciencia de la comunicación, destaca en esta obra, como en todos sus libros y publicaciones, su condición de mentor entregado a la investigación, al estudio y a la formación más actual.

Con legítima satisfacción, ponemos esta obra al alcance de los lectores más exigentes.

Prólogo

Roberto García Carbonell

HABLAR bien ha constituido una meta deseada para el hombre de todos los tiempos, por lo que siempre se ha distinguido a los pocos que consiguieron o consiguen hacerlo con naturalidad y eficacia. Quizá, por ser unos pocos, se haya pensado que tales destrezas se reservan para los escogidos que poseen las cualidades apropiadas.

El orador nace, se ha dicho; y esto es solo una verdad a medias. No negamos que ciertos seres hayan gozado, que otros gocen y que otros más puedan gozar la posesión de determinadas virtualidades que tornan menos penosa la tarea. Lo que sí afirmamos es que la palabra —este maravilloso don gratuito— sugiere un camino de perfección que pueden recorrer los que hayan de servirse de ella; camino por el que podrán avanzar con SEGURIDAD, de la mano de una guía propicia.

Este método pretende ser eso: UNA GUÍA ÚTIL, válida tanto para los veteranos como para «TODOS» los que quieran abrirse camino hacia el éxito de sus aspiraciones, con el óptimo empleo de la expresión oral-corporal. Aquí encontrará el lector los ejercicios y entrenamientos necesarios. También algunos consejos, junto con las más elementales previsiones teóricas, que vendrán a mejorar la comprensión de lo que hay que hacer y a facilitar gradualmente —mediante un mínimo tiempo diario de dedicación— el acceso a las habilidades esperadas.

El título que hemos escogido, *Todos pueden hablar bien*, señala una meta, y es, para aquellos que lo deseen, la síntesis de una nueva posibilidad: llegar a superarse con el auxilio de los medios idóneos para potenciar la EXPRESIÓN ORAL DEL PENSAMIENTO y estimular la efectiva intercomunicación humana.

Los diversos capítulos ofrecen soluciones sencillas al problema del APRENDIZAJE DEL USO DEL CUERPO PARA LA COMUNICACIÓN ORAL. Vienen divididos en DOS partes: la primera sugiere lo que hay que hacer y brinda ejercicios para favorecer los resultados, e incluye un RESUMEN de los temas abordados y la TABLA DE EJERCICIOS que se atacarán en función de las más acuciantes necesidades personales; la segunda, que se corresponde con UN DETERMINADO «ESCALÓN» DE PROGRESO, entrena, corporalmente, para que cada uno pueda CONQUISTAR LA NATURALIDAD mediante simples prácticas de COORDINACIÓN FÍSICA *. A su vez, demuestra los detalles de la conducta ideal para las situaciones más comprometidas en el ARTE DE HABLAR EN PÚBLICO.

SEGURIDAD, FACILIDAD DE PALABRA, EXPRESIÓN «NATURAL», IMAGEN SIGNIFICATIVA. Posiblemente, para muchos de nuestros lectores, estas sean algunas de las cuestiones más urgentes. Nuestra labor está llamada a darles oportuna satisfacción; pero no consistirá solo en eso. Descubrirá ante los ojos de los más dispuestos el arte de la elocuencia y una vía directa para llegar a dominarlo... Porque, en definitiva, nos hemos propuesto ayudarles a fin de que lleguen a TRADUCIR «EN ACTO» LAS MEJORES INTENCIONES; a poder «hacer» aquello que SABEN QUE «DEBEN» HACER; a que lo hagan BIEN, para el feliz término de su misión.

---

* Un buen grado de COORDINACIÓN FÍSICA permite regular la conducta corporal sin perder «el hilo» de lo que se viene diciendo.

«Tener conciencia de lo que no se puede hacer y luego... ir y realizarlo».

REGLA DE ORO

Introducción

SI nos disponemos a estudiar EXPRESIÓN ORAL, veremos que la mayoría de las veces los ensayos y las aproximaciones se han emprendido como si se tratara de un asunto de exclusiva competencia mental. Esta, casi diríamos, tradicional manera de abordar el tema ha generalizado uno de los equívocos más frecuentes de su pedagogía, ya que es el «hombre», TODO «ÉL», quien habla.

Aceptemos que, en su origen, la palabra sea una especie de impulso que parte del cerebro. Este estímulo, gestado por la idea en los arcanos de la inteligencia humana, está llamado a transformarse en una fuerza expansiva capaz de conmover TODO EL CUERPO. El resultado final será la síntesis, más o menos armoniosa, de IMAGEN y SONIDO, que hemos aprendido a llamar *Expresión oral*. Ahora bien, cuando este «estremecimiento» sea «VITAL» y resulte auténticamente significativo emergiendo al socaire de una soltura «natural», podremos decir: «Se ha expresado». Si a ello se sumara la claridad del contenido, la SEGURIDAD y la dulzura, podríamos decir: «Habla bien».

Cuando se habla bien, el cuerpo concreta su cooperación con una disponibilidad que incluye DISTENSIÓN, EQUILIBRIO PROPICIO, NATURALIDAD «APRENDIDA». La mente, verdadero motor del sistema, habrá ORGANIZADO EL MENSAJE disponiendo el VOCABULARIO «ACTIVO» más idóneo para comunicarlo con exactitud y presteza. El espíritu, verdadero «diseñador» de la imagen, disparará sus instrucciones a miles de kilómetros de intrincados filamentos nerviosos para producirla, imprimiendo, a la vez, el encanto de su tono musical. Todo el conjunto se movilizaría, en definitiva, trasladando al éter la exhuberancia de una energía que parece acrecentar su propio poder en la medida en que se expande.

A manera de análisis, esta breve digresión pretende describir el fenómeno de la óptima EXPRESIÓN ORAL HUMANA. Llevados de nuestros buenos propósitos hemos separado lo inseparable, para colegir posibles formas de abordar tan complejo estudio. Lo cierto es que tanto la mente como el espíritu, que aquí hemos «aislado», son —por lo menos desde esta perspectiva— consustanciales con la vida activa del cuerpo; por lo que nos parece fundamental iniciar nuestra tarea con lo que llamaremos «Aprendizaje del uso del cuerpo para la comunicación humana». Desde el CUERPO derivaremos inclinando el peso de nuestras atenciones a lo que hemos venido en llamar la MENTE y el ESPÍRITU, cuando sus respectivos ámbitos se vean esencialmente comprometidos por el empeño.

El punto de partida está a la vista. Nuestro lector SABE HABLAR; no obstante, es consciente de sus momentáneas limitaciones. Puede que solo se crea apto para ciertos compromisos; pero «eso de hablar en público»... Y, «BIEN»...

Pues creemos que *todos pueden hablar bien y con persuasión en público, en los negocios, en la conversación privada,* y en toda circunstancia, por difícil, embarazosa y complicada que sea. Es cuestión de sacar a «flor de piel» lo mejor de las propias virtudes y emprender el más directo camino hacia la realización personal. Y... esto, PUEDE HACERSE. Es más, DEBE HACERSE. ¡Veamos cómo!...

1

Cuidado de la imagen

1. Hábitos de comportamiento corporal
2. Posturas físicas «de base»:

   a) *De pie*
   b) *Sentados*
   c) *Caminando*

3. Respiración y autocontrol
4. Respiración abdominal
5. Respiración completa
6. Control de los automatismos

1. HÁBITOS DE COMPORTAMIENTO CORPORAL

LA FORMACIÓN DEL HOMBRE viene siendo modelada por el medio donde nace y crece hasta completar su desarrollo. Presionan sobre él un conjunto de actitudes familiares, políticas, religiosas, económicas, físicas y culturales. Un largo y penoso proceso le va condicionando hasta perfilar su personal estilo de comunicación. En este la conducta corporal se manifiesta por un conjunto de hábitos que han venido gestándose desde la niñez y que obedecen a reacciones automáticas y reflejas. Tales hábitos configuran lo que podríamos llamar «la manera de ser» del individuo. Se traduce en posturas, gestos, forma de caminar, y también de reaccionar ante diversos hechos o situaciones.

El tema tiene particular interés si se quiere comenzar un proceso de coordinación ideal de CUERPO, MENTE y ESPÍRITU, que resultará indispensable para potenciar y perfeccionar la expresión oral. El punto de partida debe ser el autoanálisis, observar con la mayor objetividad y espíritu crítico nuestros estilos de comportamiento corporal y la conducta general.

¿Cuáles son nuestras características? ¿Tenemos tendencia a la indolencia, o tal vez a la hiperactividad? En tal caso, ¿por cuál nos sentimos más inclinados? ¿Llevamos con frecuencia, por aparente comodidad, las manos a los bolsillos? ¿No es habitual una franca sonrisa? ¿Acaso manifiesta nuestro rostro cierta, persistente, seriedad? Estas preguntas, y algunas otras, que cada uno pueda formularse, permitirán componer aproximaciones válidas para comenzar.

Una vez que se tenga idea clara de lo que el cuerpo manifiesta a través de los hábitos de comportamiento, cabrá compararlos con la visión de *imágenes propicias* a fin de discernir los ajustes y los cambios que correspondan. Es decir, situarse ante las más variadas acciones y precisar lo mejor para cada caso. La vida de relación suele suministrar buenos modelos, y con un mínimo de interés podrá concebirse la meta que conviene alcanzar. Solo restará la disposición de *cambiar*.

Esta disposición implica poner en marcha el recto uso del entendimiento por vía de la concentración; «VER» lo que se anhela. Captar en todos sus detalles, con los ojos de la imaginación, los beneficios de los objetivos a conseguir. Esta visión hará tolerable las repeticiones y los pequeños escollos que presenten los entrenamientos. Luego, darse a la tarea de «CAMBIAR», teniendo presente que un primer esfuerzo solo marca el buen deseo. Si se afirma por la repetición, el cambio se transforma en hábito.

Por último, ponerse en acción —sin admitir excepciones—, aprovechando el entusiasmo de los primeros momentos.

2. POSTURAS FÍSICAS «DE BASE»

La POSTURA quizá sea la parte más activa del lenguaje corporal. Siendo correcta —como veremos—, sirve de poderoso tonificante muscular y constituye la CLAVE del éxito cuando se trata de HABLAR BIEN.

Mejorar la postura implica hacer lo propio con determinados hábitos, lo que significa que habrá de ser aprendida desde una perspectiva MENTAL y CORPORAL a la vez:

— **Mental,** reconociendo todos y cada uno de los detalles teóricos y de la imagen que la configuran.
— **Corporal,** llevándola incansablemente a la práctica, de forma que llegue a resultar CÓMODA, NATURAL y TONIFICANTE.

A este respecto recordemos que la mente suele aprender muy de prisa; muchas veces al instante. Por el contrario, el cuerpo lo hace sobre la base de prácticas precisas y reiteradas, hasta dominar con soltura la destreza que se persigue.

Analizamos a continuación las diferentes posturas físicas, «de base», cuyo denominador común es el EQUILIBRIO DEL CUERPO.

Veamos:

a) **De pie.** La postura correcta de pie debe ser ERGUIDA por excelencia. Requiere sostener el cuerpo con la columna vertebral estirada. Para lograrlo, estire la nuca hacia arriba; luego hacia atrás, de forma que las orejas estén sobre los hombros. Al estirarse la columna vertebral, se levantarán las costillas y los hombros pasarán de modo natural a su sitio. No es necesario ni conveniente «sacar pecho» o forzar los hombros hacia arriba.

La barbilla debe quedar paralela al suelo; es el colofón de la figura gallarda. Colóquese ante un espejo de forma que refleje su perfil. Gire ligeramente la cabeza para mirar su cuello. Si tiene pliegues provocados por la torsión, eleve la barbilla hasta que desaparezcan. Asegúrese de que la cabeza queda en la posición correcta. Controle con frecuencia su nivel y su desplazamiento hacia atrás y hacia arriba.

El esfuerzo por estirar la columna vertebral tiene también efecto sobre la pelvis. Esta debe quedar inclinada como consecuencia de la ligera contracción de los glúteos. Los músculos abdominales actúan entonces, aplanando el vientre sin acarrear tensiones a la región lumbar.

En esta posición relaje las rodillas ayudándose con una leve flexión de las piernas. Proyecte las **puntas de los pies rectas al frente.** Vuelque su **peso sobre los arcos,** no sobre los dedos o los talones. Compruébelo moviendo los dedos en todas direcciones. Si la carga del peso del cuerpo descansa de forma correcta, tendrá la sensación de encontrarse de pie sobre una superficie curva. Líbrese, ahora, de toda rigidez SIN alterar la postura.

Sin moverse, revise TODO el proceso. Comience desde la cabeza hasta llegar a los pies manteniéndolos paralelos, y separados unos cuatro centímetros.

Comprobemos: columna vertebral estirada; orejas sobre los hombros; barbilla paralela con el suelo; hombros naturales, ligeramente hacia atrás; pelvis apenas inclinada; rodillas relajadas; peso del cuerpo cargando sobre los arcos de los pies; punta de los dedos de los pies, rectas al frente. Si se consiguió lograr la postura, por el lóbulo de la oreja, el hombro, la cadera y el tobillo tiene que pasar una **línea vertical** (Fig. 1).

Apréndase la postura de memoria repasando las instrucciones y ordenándoselas de viva voz. Ha de conseguir que la postura sea ERGUIDA, NATURAL y RELAJADA.

b) **Sentados.** En este caso la postura correcta se rige por la columna vertebral, con ayuda de las piernas. Actúe de la siguiente forma: provéase de una silla con el asiento duro y horizontal. Siéntese sobre la primera mitad del asiento. Proceda a erguirse. Lleve las orejas sobre los hombros. Levante la barbilla hasta su lugar. Deje que los hombros caigan naturales y queden ligeramente desplazados hacia atrás. Fuerce la postura de modo que la presión del cuerpo caiga sobre los **huesos de la pelvis**. Descargue sobre los pies el peso de las piernas (Fig. 2).

Repase todos los detalles. Levántese. Pruebe, otra vez, observando cuidadosamente las instrucciones.

La rigidez que producen los primeros esfuerzos desaparecerá con la práctica en días sucesivos. El cuerpo tenderá a mostrarse tieso, por falta de costumbre de los músculos que han venido siendo mal empleados. En tal caso, conviene intercalar breves descansos durante el aprendizaje. Relajarse, y luego continuar con las prácticas. Poco a poco la fuerza de la nueva costumbre permitirá el ejercicio de una postura tan cómoda como NATURAL.

La postura que hemos estudiado la denominamos **intelectual**, y puede variar en función de los elementos en uso. Por ejemplo, ante una mesa, la modificación vendrá dada simplemente por la colocación de los brazos, que descansarán sobre la mesa SIN «descargar» peso del cuerpo (Fig. 3).

La diferencia entre la postura de sentados que llamamos «intelectual» con la que denominaremos «social» radica en el punto de apoyo sobre el asiento. Tratándose de la postura «social», **el apoyo se desplazará hacia el fondo del asiento**. En TODOS LOS CASOS las piernas deben descargar su peso sobre los pies «paralelos»; que, a su vez, pueden

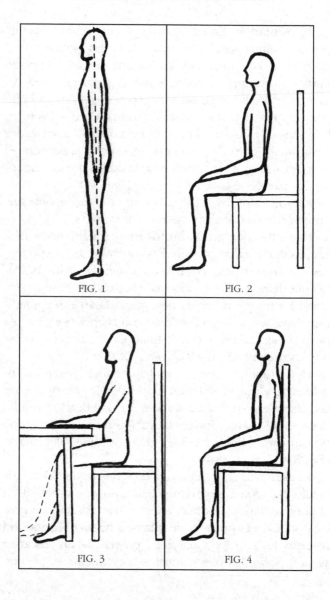

FIG. 1

FIG. 2

FIG. 3

FIG. 4

quedar uno delante del otro para favorecer la motricidad general al levantarse (Fig. 4).

Comprobemos: Cuerpo sostenido por la columna vertebral estirada. Descarga del peso del torso sobre los huesos de la pelvis, con apoyo sobre la primera mitad del asiento (postura «intelectual») o desplazado al fondo del asiento (postura «social»). Brazos descargando su propio peso sobre la mesa, o, a falta de esta, simplemente sobre las piernas. Piernas paralelas con carga sobre los pies, en apoyo franco sobre el suelo.

Tenga presente TODOS los detalles de la postura. Vigile su comportamiento de cada día. Paulatinamente costará menos esfuerzo llevarla a la práctica. Su cuerpo ganará salud y bienestar. Su imagen, brillo y soltura.

c) **Caminando.** Partiendo de la correcta postura de pie, es posible caminar mejor. Los pies deben ir dirigidos SIEMPRE RECTOS AL FRENTE. El desplazamiento de las piernas tiene que conseguirse balanceándolas desde las caderas, SIN «contoneos» de ninguna clase. El largo del paso debe medirse cuidando de lanzar el peso del cuerpo por el talón hasta la punta del pie, SIN afectar el equilibrio total. Practique ahora. El cuerpo ha de permanecer ERGUIDO «sin afectación». La barbilla levantada hasta su sitio. Los brazos, en suave balanceo, impulsados por el desplazamiento.

Al comienzo, la postura quizá fuerce un avance «solemne». No importa. La práctica regular le dará su complemento de gracia y de naturalidad.

El acto de caminar tendrá que completarse con el **gusto de** sentir la armonía física y las cadencias del movimiento: TALÓN, ARCO, DEDOS DE LOS PIES; comprobando la dosis de bienestar que produce la marcha con el cuerpo ERGUIDO.

✳ ✳ ✳

Conviene que todas las indicaciones expuestas en torno a las posturas sean seguidas de prácticas realizadas con un gran espíritu de concentración y el esfuerzo de SENTIR el estado estático del cuerpo. Esta forma de trabajar facilitará la sustitución de unos hábitos por otros y servirá para perfeccionar en el cerebro la visión del propio esquema corporal y la conciencia de una realidad física que se puede conducir y dirigir. Esta suerte de «redescubrimiento» será como un retorno hacia los valores más auténticos de la personalidad. Constituirá un nuevo medio de situarse en el espacio y en el tiempo. Un modo de adquirir el equilibrio necesario, para VIVIR en plenitud las posibilidades de la existencia humana, y «significarla» en el ejercicio de la expresión oral-corporal.

3. RESPIRACIÓN Y AUTOCONTROL

La respiración es un acto clave para el propio control, para la oxigenación del cerebro y para la renovación de la energía psíquica. Es el más importante de los actos fisiológicos **sentidos,** por lo que debe ser perfeccionado, y utilizado **voluntariamente** para reparar los efectos negativos de las tensiones; tan frecuentes en el hombre de nuestro tiempo.

Por separado, podremos estudiar los ejercicios capaces de multiplicar los efectos de determinados actos respiratorios. Aquí nos interesa mostrar las formas en que la respiración puede contribuir para favorecer el AUTOCONTROL.

La respiración BAJA, llamada de «la calma», se produce de forma natural cuando descansamos. Los ritmos más convenientes operan durante el sueño profundo cuando el organismo se halla en total relajación. Esta respiración normal sufre diversas alteraciones motivadas por inestabilidades de tipo nervioso. Es el caso de los estados de inquietud, de las impulsividades, del temor, del arrebato, de la locuacidad, y de tantas otras actitudes desordenadas que violentan las actividades nerviosas normales. TODAS, salvo la CALMA, resultarán desnaturalizantes y constituirán factores de desequilibrio.

La respiración sufrirá los embates de los agentes perturbadores, sea modificando sus ritmos ordinarios, sea por inclusión de los actos reguladores, o por los cambios de situación a que las tensiones obligan.

Todas esas presiones, emotivas y fisiológicas, que vienen a trastornar el proceso pueden ser neutralizadas por medio del acto respiratorio consciente. La vuelta a la respiración propicia significará poner los estados orgánicos alterados bajo control. En una palabra: CALMA.

Se dirá que la conclusión expresada resulta tan simple como difícil de llevar a la práctica. Es así. Es necesario haber preparado, por el adiestramiento paciente, las bases del automatismo que se hará cargo de la cuestión cuando se presente. Por tanto, será menester aprender a respirar bien y a tornar a la «respiración de la tranquilidad» cuando sea del caso.

Si la respiración ha sido ejercitada, las pruebas que se sufran se superarán sin dificultad. Un estado mental en consonancia sobrevendrá para recordar el «ajuste» que permita volver al equilibrio.

Otras veces la respiración podrá constituir el más socorrido y saludable de los estimulantes para levantar el ánimo y potenciar un estado vital indicado para la gestión ACTIVA.

A continuación trataremos por separado estos dos recursos estabilizadores, tan útiles como necesarios.

4. Respiración abdominal

Es la respiración del sosiego. La que coincide con los estados físicos saludables. La de la paz. La de la calma. Diríamos, por lo que afecta a nuestros propósitos, que se trata también de la respiración de la «defensa»; de la vuelta al control de sí mismo.

Veremos la forma de cultivarla con acierto, no sin antes advertir que cada persona tiene particulares tendencias en orden a sus ritmos respiratorios; tendencias que deben ser tenidas en cuenta cuando se trata de poner en práctica nuestras inclinaciones.

Tiéndase sobre cualquier superficie plana resistente. Procure relajar cada uno de sus músculos. Inténtelo varias veces, hasta notar que la calma muscular y nerviosa repercute sobre sus pensamientos, que van tendiendo hacia la tranquilidad. Quizá los momentos más interesantes para lograr un buen resultado sean los de la mañana al despertar o por la noche durante la vigilia que precede al sueño. En tal estado deténgase para SENTIR cómo penetra y sale de su pecho el aliento.

Relacione la respiración con las pulsaciones cardíacas. Cuente: ¿cuántas pulsaciones nota para la inspiración? ¿Cuántas entre la cumbre de esta y el comienzo de la espiración? ¿Cuántas entre el término de esta última y el comienzo de la inspiración? Al empezar no le resultará del todo fácil este control. Pruebe nuevamente. Podrá llegar, en sucesivos esfuerzos, a contar los tiempos a la perfección. Recuerde: inspiración; retención; espiración; retención; inspiración... Al hacerlo, tenga presente que la respiración deberá quedar radicada en plena región abdominal. Por ello, trate de concentrarse y dirigirla mentalmente. El aire debe penetrar y salir POR LA NARIZ y conducirse hacia la zona baja, de modo que la respiración **se note en el vientre;** no en el pecho.

La respiración normal vendrá manifestada por RITMOS IGUALES. Tantas pulsaciones para la inspiración, tantas para la retención, tantas para la espiración. Lo corriente suele concretarse en tiempos más bien bajos, del orden de 4 - 2 - 4. Esta tendencia del ritmo tiene que ser mecánica y regular.

Una vez que se ha logrado vincular el ritmo respiratorio con la conciencia de las pulsaciones cardíacas, SIN provocar alteraciones originadas en el hecho de prestarles atención, estaremos en condiciones de prolongar los tiempos; o sea, probar a pasar de 4 - 2 - 4 a 6 - 3 - 6. Algunas personas llegan sin mayores dificultades al ritmo de 8 - 4 - 8. Lefebure sostiene que los cambios de ritmo deben realizarse en términos pares, y señala como límite el ritmo 16 - 8 - 16[1]. Para nuestros propósitos, los ritmos 4 - 2 - 4, 6 - 3 - 6 y 8 - 4 - 8, mientras se alcancen **sin esfuerzo** y con el solo recurso de su práctica, serán más que suficientes.

Para las situaciones de tensión, sugerimos realizar solo TRES O CUATRO inspiraciones y espiraciones, en ritmos 4 - 2 - 6; es decir, prolongando un tanto la ESPIRACIÓN. De forma normal, la respiración debe conservar RITMOS IGUALES para la inspiración y la espiración.

* * *

---

[1] Francis LEFEBURE: *Respiración rítmica y concentración mental,* Editorial Kier, S. A., 5.ª ed., Colección Horas, Buenos Aires, 1973, págs. 35-36.

Salvo en los casos de antecedentes de enfermedades cardíacas o pulmonares —en los que debe seguirse el ritmo «natural» SIN DETENER el proceso con los pulmones llenos o vacíos—, la práctica de la respiración abdominal NO TIENE contraindicaciones. Por tanto, puede realizarse sin límite de tiempo SIEMPRE A RITMOS IGUALES: 4 - 2 - 4; 6 - 3 - 6; 8 - 4 - 8.

En general, para todas las situaciones de tensión, lo fundamental será recurrir **de manera consciente** a esta forma de respirar. Los efectos relajantes son inmediatos. Su acción repercute con una suerte de masaje sobre los órganos internos; en particular el hígado, el bazo y los riñones.

5. RESPIRACIÓN COMPLETA

La buena respiración tiene que realizarse por la nariz (boca cerrada), y ser amplia, lenta, profunda. Para que produzca unos saludables efectos, no debe resultar forzada.

La respiración COMPLETA que pasamos a examinar revierte formidables estímulos sobre todo el organismo, pero debe realizarse por **tiempos e intervalos LIMITADOS.**

En su práctica habremos de cuidar los siguientes detalles:

1. Total tranquilidad, apoyada por dos o tres **respiraciones abdominales previas.**
2. Estado de concentración, para poner el énfasis en el trabajo de los músculos respiratorios. Por ende, sin efectuar movimientos físicos especiales que tiendan a distraer.

3. Inspiración y espiración —como en el caso de la respiración abdominal—, siempre POR LA NARIZ.

4. Cumplir de modo regular con los PASOS del acto respiratorio COMPLETO, que son: *a)* llenado de la parte INFERIOR de la cavidad torácica; *b)* llenado de la parte MEDIA del pulmón por elevación de las falsas costillas y de las costillas medias; *c)* llenado de la parte SUPERIOR del pulmón.

5. Durante la espiración desandar el camino preindicado.

La respiración completa puede hacerse de pie o descansando de forma horizontal. La preparación incluye dos o tres respiraciones abdominales previas. Cuando haya salido todo el aire de la última espiración y el organismo se disponga a inspirar «naturalmente», INÍCIESE la práctica inspirando el aire y dirigiéndolo hasta «inflar» la región abdominal. Prosiga, llenando la zona media del pulmón por elevación de las falsas costillas y de las costillas medias. Continúe hasta levantar las clavículas, ayudándose con una ligera rotación de los hombros. RETENGA el aire durante unos DOS segundos y comience la espiración (siempre con la boca cerrada); las clavículas, las costillas, el abdomen y el vientre se irán aplanando. Cuando quede con los pulmones «vacíos», cuente DOS segundos, y al notar la presión natural de la nueva inspiración repita TODO el proceso.

Lea con detenimiento los detalles del acto respiratorio COMPLETO. Apréndalos de memoria y practique hasta conseguir una destreza satisfactoria.

✻ ✻ ✻

La respiración completa es particularmente recomendable frente a estados depresivos o de fuerte actividad nerviosa, pues restituye el equilibrio y otorga general sosiego. Puede hacerse durante cualquier hora del día, **menos inmediatamente después de las comidas.**

Cuídese de NO REPETIR más de TRES VECES SEGUIDAS la respiración completa para cada ocasión. Si se desea continuar, hágase en otro momento del día. Si produce una inmediata sensación de bienestar es que el ejercicio habrá sido logrado. Si se nota una ligera sensación de ahogo cuando los pulmones se «vacían» es que se ha malogrado.

Insistimos en que el equilibrio nervioso y el autocontrol son requisitos esenciales para HABLAR BIEN Y CON PERSUASIÓN. A tal fin la práctica de la respiración consciente configura un entrenamiento determinante.

6. CONTROL DE LOS AUTOMATISMOS

Una buena parte de las decisiones que se toman a diario tienen su origen en dos fuentes incitadoras: los AUTOMATISMOS y la REFLEXIÓN. La primera se nutre con el libre juego de los impulsos, que a su vez responden a la fuerza de la costumbre; la segunda la constituye la subordinación del acto a la conciencia. Aquí nos ocuparemos del control de los AUTOMATISMOS. No porque los hábitos deban ser superados por el control, sino porque pensamos que si los propios movimientos controlados resultan habituales, se podrán automatizar en una dirección conveniente. Por esta razón, podemos servirnos de cualquier movimiento, tanto **para controlarlo** como *para controlarnos*.

Un medio muy eficaz para disciplinar el CONTROL es vigilar y corregir las posturas del cuerpo. Ya hemos estudiado las posturas más convenientes de pie, sentados y caminando. Ahora se trata de revisar el propio comportamiento hasta que pueda quedar afirmado el hábito de conducirse en términos ideales.

Con independencia de sus buenos efectos sobre el propio control, el seguimiento y la sujeción de las reacciones automáticas sirve para neutralizar el derroche de energía. Por tanto, dosifica las energías disponibles para que sean utilizadas en la medida que requieran las circunstancias. De esta forma contribuye también a prolongar la vida, evitando los daños que puedan ocasionar constantes situaciones de tensión que, además de deteriorar la mejor imagen física, desgastan prematuramente el organismo.

Es frecuente realizar esfuerzos que superan lo necesario. Desde coger un vaso hasta reaccionar violentamente por una «nadería». Los nervios crispados producen estímulos por encima de sus niveles óptimos, vuelven torpes los movimientos físicos y violentan las reacciones psíquicas.

El equilibrio de desear puede conquistarse mediante simples ejercicios. A continuación sugerimos, a título de ejemplo, algunos modelos útiles. Las variables y aplicaciones son infinitas. Cada uno debería tratar de ver qué tipo de CONTROL le conviene para resolver sus personales circunstancias negativas.

EJERCICIOS

1. Controle y coordine los actos que suele realizar maquinalmente. Por ejemplo, camine de forma consciente. Ponga particular atención A TODOS sus movimientos mientras avanza [2].

2. Escriba lentamente. Dibuje su letra con la más cuidadosa caligrafía.

3. Trate de lograr la mejor imitación de un rostro lleno de afecto y serenidad. Estúdielo con ayuda de un espejo. Luego modifique su rostro procurando adoptar una expresión radiante, feliz, muy alegre.

4. No se rasque sobre la primera sensación de picor. Espere. Deténgase por espacio de 30 segundos. Al cabo de ese tiempo es probable que la sensación haya desaparecido.

5. Si recibe una carta, NO la lea enseguida. Demore su lectura para otro momento.

Los ejercicios (2, 3, 4 y 5) admiten todo tipo de variantes y pueden adaptarse para paliar los puntos débiles de la personalidad. Utilice los que considere más indicados para su situación personal.

---

[2] El andar consciente es uno de los ejercicios más completos y naturales que se pueden proponer con el fin de lograr un alto grado de COORDINACIÓN entre MENTE, CUERPO y ESPÍRITU. A la conciencia de los movimientos debe sumarse el GOZO de «sentir» la exteriorización del «yo», en la armonía del desplazamiento.

Al comienzo le resultarán molestos; después puede que hasta divertidos. Trate de superar la contrariedad de las primeras pruebas.

*La actividad es óptima
con hábitos bien aprendidos.*

RESUMEN

Cuidado de la imagen

HÁBITOS DE COMPORTAMIENTO CORPORAL

La conducta corporal se manifiesta por un conjunto de hábitos que han venido gestándose desde la niñez. Estos hábitos configuran el «modo de ser» del individuo y pueden reeducarse en función de los propósitos perseguidos.

Adoptada la decisión de cambiar ciertos hábitos, procede imaginar con detalle los beneficios de las metas a conseguir y aplicarse de inmediato a la ilusionada tarea de aquilatarlos. El cambio se transforma en hábito si se afirma con la repetición.

POSTURAS FÍSICAS «DE BASE»

La postura quizá sea la parte más activa del lenguaje corporal. Siendo correcta, sirve de poderoso tonificante muscular y constituye la clave del éxito para hablar bien.

Llamamos posturas «de base» a las que tienen como denominador común el EQUILIBRIO TOTAL DEL CUERPO. Son cuatro: de PIE, SENTADOS «INTELECTUAL», SENTADOS «SOCIAL» y CAMINANDO.

El cuerpo, con el soporte de la distensión y del equilibrio propicio que proveerá la respectiva postura «de base», queda en óptimas condiciones de someterse al «diseño significante» del espíritu. En estas condiciones, la EXPRESIÓN NATURAL fluye sin esfuerzo en total armonía con las ideas y los sentimientos del orador.

RESPIRACIÓN Y AUTOCONTROL

La respiración es un acto clave para la oxigenación del cerebro y la renovación de la energía psíquica. Es el más importante de los actos fisiológicos «sentidos». La usamos tanto para conseguir la CALMA como para estimular la ACCIÓN.

RESPIRACIÓN ABDOMINAL

Es la respiración del sosiego. Coincide con los estados físicos saludables. Por lo que respecta a nuestros propósitos, podría llamarse «reguladora del equilibrio», pues favorece la inmediata vuelta al CONTROL DE SÍ MISMO.

La respiración abdominal se practica inspirando y espirando el aire por la nariz (boca cerrada), procurando llenar exclusivamente la zona baja. Por este motivo la respiración abdominal debe notarse en el vientre. Conviene que los tiempos empleados para inspirar y espirar sean iguales.

RESPIRACIÓN COMPLETA

Es esencialmente «tonificante». Debe practicarse de forma amplia, lenta, profunda, sin tensiones y sin esfuerzo. El aire debe penetrar por la nariz al inspirar y al espirar, debiendo realizarse estos procesos en tiempos iguales.

La respiración completa debe tender a cubrir toda la capacidad pulmonar. Comenzar por el llenado de la zona baja (respiración abdominal) y desde allí, gradualmente, completar la capacidad receptora de aire por parte de los pulmones. Ha de realizarse de una a tres veces para cada oportunidad con el fin de aprovechar sus poderes estimulantes. Rebasado el límite de tres veces seguidas, pierde su propiedad activadora.

CONTROL DE LOS AUTOMATISMOS

Una buena parte de las decisiones que se toman a diario tiene su origen en dos fuentes incitadoras: los AUTOMATISMOS y la REFLEXIÓN. La primera se nutre con los impulsos que libremente responden a la fuerza de la costumbre. La segunda la constituye la subordinación del acto a la conciencia. Por la educación apropiada, los movimientos controlados llegan a ser habituales y se pueden automatizar en la dirección esperada. Esta es la razón por la que podemos servirnos de cualquier movimiento, tanto para controlarlo como para controlarnos. De ahí que el estudio y la práctica de las posturas «de base», y los ejercicios que se sugieren, produzcan saludables efectos; además de promover una gran capacidad de **autocontrol**, despojada de todo tipo de represiones y violencias.

TABLA DE EJERCICIOS

RESPIRACIÓN ABDOMINAL

Efectúese todos los días, una vez hecha la digestión de las comidas, con preferencia antes de dormir.

Tiempo: 3 o 4 veces por día, comenzando por el ritmo 2 - 4 - 2 - 4. Cuando se sepa respirar bien, pasar al ritmo 3 - 6 - 3 - 6; o, en su defecto, escoger el que resulte más cómodo y provoque un mayor bienestar.

Utilícese esta práctica siempre que se necesite para retornar al equilibrio y combatir la tensión.

RESPIRACIÓN COMPLETA

Practíquese por las mañanas al levantarse de la cama con la habitación bien aireada (sin corrientes de aire). Antes de comenzar, haga dos respiraciones abdominales. Al terminar, haga otra respiración abdominal para «cerrar» el ejercicio.

Tiempo: Una o dos respiraciones completas por día para comenzar. Una vez que tal práctica provoque instantáneamente los efectos apetecidos, podrá emplearse a voluntad. Si pretende utilizarla como estimulante para los momentos depresivos o para emprender una gestión activa, recuerde que no debe efectuarla más de TRES veces seguidas.

CONTROL DE LOS AUTOMATISMOS

Ejercicio 1. La vida activa proporcionará múltiples oportunidades de controlar y coordinar ciertos automatismos. Escoja uno cualquiera y sujételo a los dictados de la conciencia. Proceda sometiendo a la voluntad un movimiento automático cualquiera, UNA VEZ CADA DÍA. La práctica de caminar consciente, guiada por la postura «de base», podrá valer para numerosas ocasiones. Estos cuidados deberían acompañar al hombre durante toda su vida, pues generan óptimos resultados en materia de coordinación física y autocontrol.

Ejercicio 2. Siempre que le resulte propicio, aplíquese a ESCRIBIR CON BUENA CALIGRAFÍA. No pocas veces este automatismo responde a impulsos espontáneos gestados por la ansiedad y la tensión. Al igual que el anterior, impone una vigilancia constante.

Ejercicio 3. Acostúmbrese a utilizar espejos «a mano» para practicarlo. Incluya la realización de muecas, que son útiles además para estimular los músculos faciales.

Ejercicio 4. Adopte el hábito de controlarse frente a estímulos como el que sugiere este ejercicio. No podemos, por tanto, dar reglas. Cuantas más oportunidades lo tenga en cuenta, mayor será su efecto.

Ejercicio 5. Repetimos para este ejercicio cuanto decimos en el anterior. Los ejercicios tienen, en el fondo, idénticos propósitos.

Determinadas prácticas, como las aquí propuestas, deben llegar a constituir un «estilo de vida», y de esta forma mantener la fortaleza necesaria para sostener el equilibrio en medio de ambientes que pugnan aparentemente por desquiciarlo.

Prácticas de expresión oral-corporal y coordinación física

ESCALÓN I

1. Cuidado de la imagen y conciencia del uso del cuerpo antes, durante y al finalizar la intervención de pie

   a) *Forma y oportunidad de aclarar la garganta y completar los detalles del arreglo personal*

   b) *Expresión de rostro y cabeza. Supresión deliberada de los ademanes durante la exposición*

   c) *Final. Agradecimiento de los aplausos*

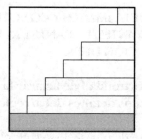

EL ORADOR, disertante, profesor, maestro, conversador, entrevistador, opositor, estudiante y vendedor ACTÚAN desde el mismo instante en que constituyen una IMAGEN para otros. En el momento de hacer uso de la palabra causan la SEGUNDA impresión. La primera fue dada por «el encuentro».

Solemos estar tan habituados al fracaso de las imágenes físicas que aceptamos sus impropiedades como naturales. Hasta se diría que nos parecen legítimas consecuencias del «choque». Esto suele producirse por la falta de elementos de comparación. Por otra parte, la responsabilidad de la expresión oral-corporal en público y hasta en privado nos parece tan difícil de practicar «BIEN», que dispensamos de buen grado muchas impresiones lamentables.

A medida que vayamos agotando las prácticas del MÉTODO, se comprenderán mejor las palabras que hemos escogido para enmarcar el comienzo de este PRIMER ESCALÓN.

Mediante las prácticas que pasaremos a exponer, es nuestro propósito potenciar la movilidad de los músculos faciales y dar soltura a las cadencias expresivas de la cabeza. Al mismo tiempo la inhibición de otros movimientos del cuerpo, en este caso de los brazos y las manos, permitirá tomar conciencia de su gravitación al hablar.

1. CUIDADO DE LA IMAGEN Y CONCIENCIA DEL USO DEL CUERPO ANTES, DURANTE Y AL FINALIZAR LA INTERVENCIÓN DE PIE

a) Forma y oportunidad de aclarar la garganta y completar los detalles del arreglo personal

De pie, delante de un espejo lo suficientemente grande como para que pueda ver todo su cuerpo, incline la cabeza hacia abajo y **aclare suavemente la garganta.** Tenga en cuenta que se dispone a hablar y lo que hace debe valer para proteger la calidad de su voz en un momento en el que se supone que NADIE LO VE[3].

Rásquese si lo desea. Luego no podrá hacerlo sin llamar lamentablemente la atención sobre sus pequeñas molestias.

Complete los detalles de su arreglo personal. Toda su imagen debe ser cuidadosamente comprobada: el peinado, el vestido, la corbata, las tapas de los bolsillos. Proceda por último a abrochar o desabrochar su chaqueta, según corresponda con la imagen propicia. Tenga en cuenta que si habla de pie, es mejor que esté abrochada; pero lo más importante que cabe destacar ahora es que **no debe hacerlo frente a su público o cuando puedan observarle.** TODOS ESTOS MENESTERES DISTRAEN LA ATENCIÓN HACIA ELLOS Y PREDISPONEN AL PÚBLICO PARA QUE LOS TENGA EN CUENTA.

Si tiene que utilizar gafas, asegúrese de que no le caigan sobre la nariz durante el discurso. Para ello, ajuste conve-

---

[3] Al «aclarar» la garganta, la suavidad es esencial. Cualquier esfuerzo indebido puede provocar una repentina afonía que afecte sanamente las posibilidades de actuar.

nientemente las patillas, aunque tenga que soportar cierta incomodidad.

Por último, invierta unos minutos en asegurarse de que nada podrá interferir su posterior actuación.

b) **Expresión de rostro y cabeza. Supresión deliberada de los ademanes durante la exposición**

Delante del espejo. La práctica consistirá en hablar durante DOS minutos dando vida «activa» al rostro y a la cabeza. Entretanto los brazos deberán permanecer distendidos y las manos colgar laxas por ambos lados del cuerpo.

Relájese. Adopte la correcta postura de pie. Sitúe la barbilla según su nivel ideal. HABLE AHORA por espacio de DOS minutos. Ponga en movimiento su rostro. ¡¡EXAGERE!! Fije su atención en las cejas, entrecejos y párpados. Actívelos. Mueva la cabeza con cadencias expresivas a izquierda y derecha, arriba y abajo. Recuerde: NO MUEVA LAS MANOS, ni los dedos. Córteles, VOLUNTARIAMENTE, toda posibilidad de participación. Descanse.

En otro momento del día repita la práctica por espacio de otros DOS minutos.

Pruebe así, diariamente, hasta dar plena movilidad a su rostro y cabeza mientras atiende al tema que trata de exponer. Al mismo tiempo tenga en cuenta que sus brazos y manos permanezcan respectivamente quietos y relajados.

c) Final. Agradecimiento de los aplausos

Terminadas las prácticas que anteceden, imagine los aplausos que coronan todo buen final. Agradézcalos con claras y sencillas demostraciones de simpatía: «Gracias»... «Muchas gracias»... Acompañe sus palabras de un cortés asentimiento; SIN REVERENCIAS..., CON DIGNIDAD...: «Muchas gracias»... Llegue a «todos», articulando claramente las palabras que demuestran su gratitud. Que nadie pueda pensar que quieren decir otra cosa...: «¡Muchas gracias!» ¡Que las palabras «apenas» sean audibles!; pero inequívoco el movimiento expresivo de labios, rostro, cabeza y cuerpo en general.

Practique ante el espejo el saludo final. Observe la conducta de «todo su cuerpo» cuando pretende «significar» su agradecimiento...: «¡Muchas gracias!»... Diga estas palabras dirigiéndose hacia un lado y luego hacia el otro, cubriendo a todo el auditorio; tal como si se tratara de dos hemisferios. Si no tiene público, apele a su imaginación. «Visualice» aquel hipotético momento con el placer de un gozo legítimo, «aceptando» de buen grado las «reales» muestras de complacencia.

Solo hay una oportunidad de causar la primera impresión.

2

Armonía corporal
en la expresión persuasiva

1. ORDEN DEL ÉNFASIS

PALABRA, ROSTRO, CUERPO, ADEMANES, es el orden del énfasis; orden que viene regulado por el **ardor** puesto en la **entrega.** Sin él, sin ella, la vitalidad expresiva languidece. Se desproporciona. Se limita. Una atonía generalizada empobrece la comunicación hasta convertirla en simple rutina de palabras y de gestos.

Este orden se nutre con las convicciones profundas que pugnan por ser transmitidas. Cuanto más se «SIENTE» lo que se dice, tanto más el orden completa y armoniza su contribución.

Hermano de la elocuencia, el énfasis propicio asegura sus efectos. Es entonces cuando MENTE, CUERPO y ESPÍRITU se funden con el calor apasionado de los más nobles sentimientos. Cuando la palabra, en aras del «impulso» eléctrico que la tornará inteligente, genera una vibrante sacudida del espíritu capaz de derramar por TODO el cuerpo el poder significante de la EXPRESIÓN más rica.

El punto de partida de la expansión que parece inflamar las partes más preciosas del discurso descansa en la EXPRESIÓN DEL ROSTRO. Bien puede decirse que la sede «corporal» del espíritu, su propio «corazón», radica primordialmente en el ENTRECEJO, y se manifiesta con activas contracciones o expansiones de párpados y cejas. Por esto, siempre que sea necesario «encenderse», corresponderá ACTIVAR la expresión de la zona (entrecejo, párpados y cejas) mientras se aspira por la nariz y POR LA BOCA la suficiente masa de aire.

2. PARTICIPACIÓN ACTIVA DEL CUERPO EN LA COMUNICACIÓN

Para hablar bien hay que hablar con TODO EL CUERPO. En delicada convergencia de cuerpo, mente y espíritu, la PALABRA cobra vida persuasiva y comunicativa. Este seguimiento dócil de la participación corporal tiene que ser fluido, natural, imperceptible; «algo» que la audición GUSTE, sin acertar a definir. Un estilo personalisimo logrado con el apoyo de un sinfín de «pequeñas cosas». Porque en la buena oratoria nada es suficientemente importante como para poder «separarse» del TODO. De ahí que lograr «mimetizar» en un haz imagen y sonido, hasta confundir al orador con su propio VERBO, sea la misión más delicada del empeño que se prodigue en su formación.

＊　＊　＊

Al ser emitidas, las palabras generan «kines»[1], o movimientos automáticos y reflejos que afectan a diversas partes del cuerpo. Si observamos el rostro «activo» de un orador,

---

[1] Los «kines» son signos o movimientos expresivos del cuerpo. La kinesis es una nueva ciencia dedicada a su estudio.

podremos advertir que con cada una de sus expresiones se va correlacionando un conjunto de pequeños «signos» que modifican la imagen facial. Su rostro se contrae o se distiende; sus ojos se desorbitan o se reducen; su cabeza vibra con cadencias llenas de sentido, y TODO «ÉL» aparece «movido» en favor de sus ideas.

Con todo esto el conjunto expresivo en sí mismo tendría relativo valor si solo sirviera para ilustrar determinados pensamientos que las palabras pretenden comunicar. La cuestión es mucho más compleja. Hay una constante interacción entre motivación, palabra y expresión corporal. Este vínculo regular y permanente influye los dominios del espíritu, sometiendo al cuerpo a determinados comportamientos. Por eso pensamos que el cultivo de una **medida expresividad** produce una suerte de delicadeza verbal que, a su vez, se traduce en una fineza llevada a los dominios del sentimiento. Esto contribuiría a explicar por qué el «bien hacer» corporal ganado por el ADIESTRAMIENTO PROPICIO revierte un destacado aumento de la «facilidad de palabra».

La CULTURA DE LA MIRADA configura un tema fundamental en el estudio de la participación ACTIVA del cuerpo en la comunicación. Por su importancia, dado que junto con el arte de hablar en público representa la vía más segura de lograr el AUTOCONTROL, lo abordamos por separado y a continuación.

3. CULTURA DE LA MIRADA

En el sutil empeño de persuadir, por vía de la expresión oral, la forma de mirar resulta esencial. Respecto de la propia imagen, los ojos afirman la personalidad y constituyen el medio más eficaz de proyectar la energía mental. Por esta razón la responsabilidad de la educación de la mirada no debe quedar en manos exclusivas de típicos condicionamientos culturales. Aquí nos ocuparemos de sugerir formas prácticas que valgan para llenar este vacío.

A la luz de una simple observación, los ojos no son más que dos esferas de un particular tamaño y color. Sencillos órganos de la visión SIN mayores posibilidades de comunicación independiente. Dos elementos incapaces de manifestar por sí mismos auténticos estados del espíritu humano. Con la sola excepción de su inimitable motricidad y de la contracción o dilatación de las pupilas, su auténtica riqueza significativa descansa sobre un marco natural de PÁRPADOS y CEJAS. Gracias a estos la mirada puede llegar a cobrar poderes excepcionales y componer un prodigioso LENGUAJE.

Respecto de nuestros propósitos, la sola capacidad expresiva de párpados y cejas NO BASTA. Es necesario SABER DIRIGIR la mirada y estabilizarla SIN DUREZA. Para lograrlo, será imprescindible controlar el parpadeo y dar a los ojos un brillo particular, con el fin de multiplicar su capacidad de sugestión.

✳ ✳ ✳

Desde nuestra niñez venimos escuchando una norma elemental de educación que consiste en «mirar limpiamente a los ojos de los demás». Es la mirada SIN reservas, la que no deja lugar a dudas respecto de nuestras intenciones. Pero ¿es que acaso se puede mirar limpiamente así? Por supuesto que NO. Es simplemente IMPOSIBLE. O miramos a un ojo o miramos al otro. Esto es irreversible por efecto de la CONVERGENCIA en el enfoque de la visión. De otro modo, lo que haríamos y solemos hacer es «saltar» intermitente-mente de ojo en ojo.

Pues bien, si los ojos, como decíamos, son los elemen-tos más idóneos para proyectar la energía mental, resultará que con el sistema tradicional estaremos lejos de poder concentrarla SIN incomodar al interlocutor. Difícilmente ha-brá quien soporte imperturbable una mirada «fija» en UNO de sus ojos» mirará hacia otro lugar, o, de lo contrario, se molestará. Por tanto, cualquier dosis de energía que se pre-tenda «gastar» terminará en vano dispendio.

¿Cómo mirar entonces? Pues dirigiendo la vista hacia el ENTRECEJO del interlocutor, siempre que resulte propio mi-rarle «a los ojos». El problema subsistente será: NO PARPADEAR durante esos momentos [2]. Y no solo no parpadear, proyec-tar la mirada mostrando AFECTO y DULZURA; fijándola con-venientemente **durante los tiempos e intervalos apro-piados** [3].

La proyección de la mirada debe completarse de suerte que los ojos estén «CENTRADOS» en relación con el rostro, pues el «blanco del ojo» distrae. Por esta razón los movi-mientos de los globos oculares deben regirse por la dirección en que se desplaza la cabeza; cuidando de que «el blanco» no se pronuncie por encima, por debajo o a izquierda o derecha

---

[2] El parpadeo es otro de los actos fisiológicos sentidos capaz de subordinarse a los dictados de la razón, al menos temporalmente. Es INDISPENSABLE para la salud de los ojos. Por tal motivo, la voluntaria y transitoria supresión del parpadeo debe constituir una «DESTREZA» y no un hábito negativo.

[3] Sobre este particular remitimos al lector al apartado siguiente, titulado «Actividad significativa y lenguaje de los párpados y de las cejas».

de las pupilas. El descuido de estos detalles, además de contrariar en su momento la buena imagen, conlleva la formación de malos hábitos cuya reeducación resulta tan penosa
como difícil. De otra parte cabe tener en cuenta que la televisión, en sus diversas posibilidades, invade paulatinamente todos los campos de la comunicación; puede decirse
sin lugar a dudas que es el MEDIO del porvenir inmediato y
que, para desgracia de una abrumadora mayoría, DESTACA
LOS «PEQUEÑOS» FALLOS como el que acabamos de comentar.

Los ejercicios que relatamos seguidamente son los más
indicados para lograr la destreza de inhibir el parpadeo
cuando resulte prudente, dando a su vez a los ojos mayor
brillo y un especial atractivo y dulzura.

EJERCICIOS

1. **Ante un espejo.** Sostenga la mirada sobre su entrecejo, SIN parpadear, por espacio de 15 segundos. Descanse. Pruebe de nuevo por espacio de
   30 segundos. Descanse. Aumente a un minuto.

2. Conseguidos SIN dificultad los resultados de los
   esfuerzos precedentes, eleve a DOS minutos el
   tiempo del ejercicio. Para ello mantenga la mirada
   fija SIN parpadear sobre su propio entrecejo, dila-
   tando y reduciendo la apertura de los párpados.
   Cuando experimente una sensación de picor,
   descanse. Paulatinamente, procure aumentar el
   tiempo de su mirada SIN TENSIÓN y SIN PARPADEAR
   hasta conseguir hacerlo sin esfuerzo durante tres,
   cuatro, cinco minutos. Acostúmbrese a simultanear

con este propósito el de **llenar de afecto su modo de mirar.**

3. Dirija la mirada hacia una sombra o superficie oscura. Sosténgala SIN parpadear, pero con los párpados ligeramente dilatados. Controle la medida de tal dilatación ante un espejo. Fíjela en cuanto advierta que sus ojos cobran un BRILLO particularmente expresivo. Los ojos no tienen que aparecer «saltones». Se trata de lograr el punto medio entre lo que sea NATURAL, sin esfuerzo, y el extremo máximo de dilatación. Practique así durante uno o dos minutos por día.

4. Todos los días lea con la vista y sin parpadear una página de un libro. Hágalo tratando de poner conciencia del movimiento de los ojos sobre las líneas, aunque se prive total o parcialmente de comprensión. Este esfuerzo servirá para FIJAR los resultados obtenidos con los ejercicios precedentes.

5. Durante dos meses consecutivos procure poner una nota de atención sobre su parpadeo. Comprobará que aumentan sus posibilidades de dirigir la mirada SIN parpadear y sobre todo SIN DUREZA. Recuerde: **la mirada tiene que ser portadora de** AFECTO.

4. ACTIVIDAD SIGNIFICATIVA Y LENGUAJE DE LOS PÁRPADOS Y DE LAS CEJAS

Al hablar, los ojos deben dirigir su atención sobre los «receptores» de la comunicación. Sobre sus **entrecejos,** sus pómulos, sus cabellos, su frente, sus orejas, sus labios. En fin, sobre diversas partes de su rostro, con EXCEPCIÓN DE SUS OJOS. Esto, que no atenta contra la cultura, protege de la fuerza mental ajena. Por tanto, permite disponer de la conveniente autonomía para manifestar libremente el pensamiento. Lo dicho no es óbice para pensar que no debemos «salir» de sus rostros; pero tiene que aceptarse que tales «salidas» no deben de ser frecuentes, ni muy lejos. Si así fuera, todo el esfuerzo de concentración y seguimiento se perdería. La propia personalidad del que habla dejaría ver la inconsistencia de sus conocimientos, la inmadurez de sus reflexiones, todo ello alentado por esas persistentes «fugas».

※ ※ ※

Hay una tendencia general que lleva al hombre a prolongar la detención de la mirada mientras escucha y a disminuirla mientras se expresa hablando. En la mujer la situación suele resultar al revés. Esto, dentro de los términos generales del diario desenvolvimiento, no tendría mayor significación; pero sí la tiene cuando se trata de comunicaciones que deban ser especialmente cuidadas. En tales casos el comportamiento tiene que cambiar. Convendría sujetar la movilidad de los ojos a una especie de hábil «esgrima» cuyo desarrollo sea más o menos el siguiente: apoyar la mirada sobre los entrecejos de los receptores mientras se les dirige la palabra. Cambiar de lugar, dentro de los límites del rostro, con ánimo de distenderlos. Volver al punto de apoyo sobre los ENTRECEJOS, cuando se DIGAN los pensamientos más importantes; sobre todo, si se trata de persuadir o de ilustrar.

Cuando se dirige la palabra en PÚBLICO, el procedimiento indicado evita que el que habla caiga dentro del área de «presión» de la energía mental de los que escuchan. Por consiguiente, le sustrae del riesgo de hacer el discurso para una o dos personas que incluso, sin intención, le tengan «sometido». En diversas ocasiones habremos visto sucederse estos fallos. Ocurre precisamente que el orador, al hablar mirando a los ojos, se ha volcado hacia determinadas personas del auditorio. Desde ese momento largas partes del discurso aparecerán expresadas en aquella dirección. Estará como «sujeto» de buscar allí una especie de aprobación a cuanto diga. Por este motivo, salvo el caso de los oradores más experimentados, convendrá cuidar de NO MIRAR A LOS OJOS y SÍ AL ENTRECEJO de todos aquellos que la vista pueda captar. Esta variable NO será advertida y los presentes tendrán la sensación de que se les mira a los ojos y, en general, también al rostro.

Cuando se trate de una entrevista de NEGOCIOS en la que juegue un papel destacado la persuasión, la **esgrima** debería consistir en lo siguiente: mirar al entrecejo del receptor mientras se le habla, y desde allí dirigir la mirada hacia distintas partes del rostro. **Concentrarla nuevamente sobre su ENTRECEJO mientras se le dice lo fundamental** o se le comunican los argumentos más contundentes. Si se concentra la mirada, hacerlo CON AFECTO dentro de una suave firmeza. Este modo de mirar NO DEBE PROLONGARSE; tiene que ceñirse a las etapas «cumbres» de cada situación, en función de los objetivos o intereses en juego.

En tanto sea el «otro» quien tome la palabra, habrá que retornar a la «esgrima». Posarla sobre diversas partes de su rostro y en su entrecejo; sin FIJEZA, configurando una suerte de cortés «seguimiento»[4].

✳   ✳   ✳

---

[4] Completan estas instrucciones los contenidos del capítulo 5, «Bases psicológicas de la persuasión».

Hemos tratado sobre la movilidad de los ojos en apoyo de una mirada persuasiva. Creemos oportuno decir aquí que todo este derroche de cuidados debe ir acompañado de una apropiada actitud corporal. Si estamos **de pie,** permaneceremos con las piernas JUNTAS, sin descanso; erguidos, sin tensión. Las manos, colgando laxas a ambos lados del cuerpo o juntas hacia adelante, dispuestas a auxiliar el énfasis, SIN JUGAR ni llevarlas a los bolsillos. Si permanecemos **sentados,** las piernas deberán estar PARALELAS; SIN cruzar. Los pies apoyados en el suelo de modo que uno esté ligeramente delante del otro, y PARALELOS. Las manos laxas sobre cada pierna, entrelazadas o juntas si no hay posibilidad de que «cuelguen desde las muñecas» por efecto del descanso sobre los apoyabrazos del asiento (Fig. 5).

En todos los casos la POSTURA debe reflejar una forma de «ACTIVIDAD» que coincida con los propósitos de la reunión o del encuentro. No hay que olvidar que la comunicación humana impone la dignidad de una «SERVIDUMBRE», que debería traducirse tanto en el **interés con que se habla** como en el **esfuerzo y sinceridad con que se escucha** [5].

Detrás de todo este complejo mundo de la vida expresivo-significativa de los ojos subyace el no menos complicado LENGUAJE DE LOS PÁRPADOS Y LAS CEJAS. La vida misma de la mirada se hace más intensa y rica con el discurrir activo de sus insospechados recursos. Estimular su acción es propender al cultivo de una movilidad sutil, capaz de «ensanchar» el mismo corazón del hombre. Quienes han desarrollado la capacidad expresiva de sus párpados y de sus

---

[5] En el capítulo 4, «Exigencias de la comunicación oral directa», ampliamos nuestros comentarios a este respecto.

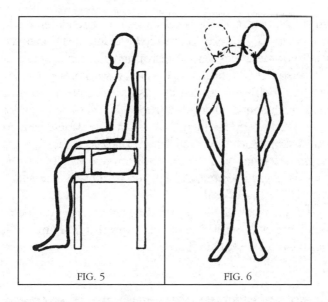

FIG. 5   FIG. 6

cejas han obtenido resultados extraordinarios. Los más dies-
tros han probado que pueden adoptarse —solo para los
párpados— hasta un mínimo de veintitrés posiciones diferentes [6]. Sin llegar a semejantes cotas, un mínimo de preocupación puede dar resultados interesantes desde los primeros días.

Se dirá que no es tan imperioso lograr una buena fluidez
expresiva, pues parece ser que la tendencia general en
nuestros días le es adversa. Debemos insistir en que su
práctica entraña un esfuerzo por HABLAR BIEN, que revierte
en fortaleza para el ánimo y produce tonificantes efluvios

---

[6] Julius FAST: *El lenguaje del cuerpo,* pág. 143, cita del doctor BIRD-
WHISTELL, Editorial Kairós, Barcelona, 1971.

en la fisiología. Cuántas veces habremos repetido en nuestros cursos la socorrida fórmula **¡¡HABLE BIEN Y SIÉNTASE MEJOR!!** Porque la gestión expresiva general compromete al Universo del Hombre. A su CUERPO, a su MENTE y a su ESPÍRITU, y del juego natural de sus expansiones recíprocas surge un auténtico bienestar. Se trata entonces de ascender —no sin un pequeño sacrificio— por un verdadero camino de HUMANIZACIÓN; de capacitarse para conseguir mejores comunicaciones, a fin de descubrir nuevas y urgentes formas de llegar a los grandes convenios sociales que supriman la violencia desatada.

Los ejercicios siguientes vendrán a favorecer considerablemente el desarrollo de la vida expresiva de la **mirada,** del **rostro** y de la **cabeza.**

EJERCICIOS

1. Delante de un espejo. Observe detenidamente su rostro. Levante las cejas todo lo que pueda. Distienda. Frunza el entrecejo. Distienda. Alterne los movimientos indicados: cejas; distensión; entrecejo; distensión. Practique por espacio de 20 o 30 segundos diarios.

2. Delante del espejo. Distienda su rostro. Realice una mueca. Distienda. Pruebe con otra. Distienda. Alterne muecas y distensiones como si se tratara de concretar una serie de fugaces imágenes. Sucesivamente, vaya ampliándolo a las diversas partes del rostro. Practique por espacio de 20 o 30 segundos diarios.

3. Delante del espejo. Dirija una mirada natural hacia su propio entrecejo. Luego, proceda a dilatar lentamente los párpados hasta poner los ojos «saltones»; ininterrumpidamente, comience a cerrarlos sin llegar a completar una oclusión y, desde ahí, **sin detener el movimiento,** regrese al punto de su mirada normal. Parpadee. Repita la práctica TRES VECES seguidas cada día, intercalando un obligado parpadeo entre cada una.

4. Partimos de la postura «de base» de PIE. Levante la barbilla llevando la cabeza ligeramente hacia atrás. Vuélvase para mirar hacia la izquierda con un movimiento «elíptico» de la barbilla y de forma que la cabeza quede INCLINADA (Fig. 6). De la misma manera vuélvase para mirar hacia la derecha. Al realizar los movimientos de cabeza hacia ambas direcciones, cuide que sus ojos estén CENTRADOS respecto de la cara y que no se «adelanten» ni se muevan cuando lo haga la cabeza. Repita estos movimientos hacia una y otra dirección CUATRO VECES por día, hasta conseguir desenvolverse con natural soltura. Al practicar, ayúdese con un suave movimiento del torso.

5. GRACIA DE LOS ADEMANES

En la vida de relación es frecuente tropezar con personas graciosas, dotadas de una ductilidad muscular extraordinaria, que les permite exhibir un conjunto personal armonioso y suave. Sus gestos, y sobre todo sus movimientos, hacen gala de una soltura que conquista. Son una muestra viviente de lo que puede dar el equilibrio de un cuerpo con una tonicidad general conveniente.

Quienes sienten la falta de tales cualidades suelen resignarse diciendo que no han sido favorecidos por la naturaleza. Esto es lo corriente. Permítasenos expresar, para con tales juicios, nuestro desacuerdo. Sí, hay algunos seres excepcionales, pero la inmensa mayoría la constituyen los **«endurecidos»**; tensos por las presiones a que les somete la vida difícil en las grandes ciudades, por la constante necesidad de «guardar» las apariencias. En definitiva, «desnaturalizados» por el trasiego constante de múltiples mecanismos perturbadores. Por esto llama la atención el hecho de que propiciemos el cultivo de la EXPRESIVIDAD.

A tales extremos se ha subvertido lo verdadero, que «suena a falso» lo que es connatural con la persona humana. Para comprobarlo, basta con mirar a los niños pequeñitos. Nadie les ha enseñado a mover las cejas, sonreír, llorar, o desplegar esa soltura inimitable de sus gestos y ademanes. Menos aún hacerlo con el calor de su ductilidad facial significativa. La atonía que poco a poco va minando sus destrezas se adquiere con la necesidad de fingir; de prescindir de los sinceros aportes del sentimiento. Esto de ENDURECERSE hoy es una ley de vida o un mecanismo de defensa; pero ya viene despuntando el alba de la nueva forma de SER y de EXISTIR. Por los imperativos del mundo que se «reduce» de la vida «codo con codo», el hombre marcha hacia lo verdadero, pues necesita llegar, cuanto antes, al entendimiento y a la cooperación.

Creemos que la gracia puede conquistarse. Que hay que desarraigar tensiones y devolver a los músculos el tono conveniente. «Aceitar» las articulaciones cultivando una expresión EFECTIVA y NATURAL.

Para ello conviene tener siempre presente el orden del énfasis: PALABRA, ROSTRO, CUERPO, ADEMANES. Recordar que **la mitad superior del rostro** atesora los mecanismos activadores de la energía humana. Que potenciando su acción puede el hombre «vibrar» e «irradiar» su fuerza, enriqueciendo el mensaje con la valía significativa de la mejor imagen. Hasta tal punto esto es importante, que nos atreveríamos a decir que LAS CEJAS Y LOS PÁRPADOS DEBERÍAN «MOVER» LAS MANOS.

Los ejercicios siguientes son los más indicados para devolver a los brazos y a las manos su gracia natural[7]. Revitalizan las articulaciones de los dedos de las manos, de las muñecas, de los codos y de los hombros; completan los de DISTENSIÓN FÍSICA que veremos más adelante.

EJERCICIOS

1. Coja el ÍNDICE de la mano derecha y sacuda la mano izquierda que previamente habrá procurado dejar en total REPOSO. Repita la operación con la otra mano. Invierta unos **20 segundos** para relajar **cada mano.** Comience lentamente imprimiendo al movimiento paulatina velocidad de forma que los dedos se agiten como flecos de una cortina mecida por el viento (Fig. 7).

---

[7] Es muy importante NO LLEVAR NUNCA LAS MANOS A LOS BOLSILLOS. Esta costumbre atenta contra la buena expresión oral y torna difícil el empleo de las manos, hasta el extremo de no saber qué hacer con ellas, incluso cuando se camina.

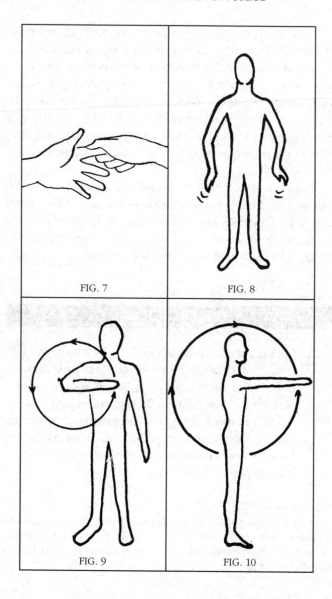

FIG. 7

FIG. 8

FIG. 9

FIG. 10

2. Deje que sus brazos cuelguen laxos por ambos lados de su cuerpo. Asegúrese de que las manos están completamente relajadas. Luego, AGÍTELAS EN TODAS DIRECCIONES durante **1 minuto** (Fig. 8).

3. Extienda los brazos hacia ambos lados del cuerpo. Dé vueltas con el **antebrazo** derecho e izquierdo de forma alternada, pero SIN interrupción de continuidad, formando círculos perfectos, como los de las hélices de un avión. Para ello, dé *movilidad* a los codos que se desplazarán hacia arriba y hacia abajo siguiendo las evoluciones de los antebrazos. Realice el ejercicio durante **1 minuto** (Fig. 9).

4. Con el brazo suelto, trace círculos cada vez más grandes. Similares a los de la técnica para nadar de espaldas. Realice el ejercicio durante **1 minuto** (Fig. 10).

Nada de «caras bonitas»…
Movilice los músculos faciales…
¡¡Despiértelos!! ¡¡Exagere!!

RESUMEN

2

Armonía corporal en la expresión persuasiva

ORDEN DEL ÉNFASIS

Palabra, rostro, cuerpo, ademanes es el orden del énfasis, que se nutre con la fuerza de los sentimientos y descansa primordialmente en la expresión del rostro, en particular de los párpados y las cejas. De ahí que siempre que sea preciso «encenderse», corresponderá ACTIVAR la expresión en esta zona (entrecejo, párpados y cejas), mientras se completa, por la boca, la aspiración de la suficiente masa de aire.

PARTICIPACIÓN ACTIVA DEL CUERPO EN LA COMUNICACIÓN

Para hablar bien hay que hablar con TODO el cuerpo. Este seguimiento dócil de la participación corporal tiene que ser fluido, natural, imperceptible... «Algo» que la audición guste sin acertar a definir. Un estilo personalísimo logrado con el apoyo de un sinfín de «pequeñas cosas».

CULTURA DE LA MIRADA

En el difícil arte de persuadir, por vía de la expresión oral, la forma de mirar resulta esencial. Los ojos afirman la personalidad y contribuyen a proyectar la energía mental. Por esto cabe saber dirigir la mirada y estabilizarla SIN dureza, ejerciendo el control necesario sobre el parpadeo. La proyección de la mirada debe completarse de forma que los ojos estén centrados respecto del rostro; vigilando la movilidad de los globos oculares durante el desplazamiento de la cabeza.

LENGUAJE DE LOS PÁRPADOS Y DE LAS CEJAS

Al hablar, los ojos deben apoyarse sobre los receptores de la comunicación cuidando de no quedar sujetos a la energía mental de algunos de los presentes. Por esta razón conviene NO MIRAR A LOS OJOS, sino dirigir la mirada sobre el entrecejo. Esto, que resulta propio al hablar en público, debe reservarse para los momentos más importantes durante las entrevistas y conversaciones de cualquier índole, pues de lo contrario se descargaría una presión que podría contrariar o confundir al interlocutor.

Tras este complejo mundo de la vida expresivo-significativa de los ojos subyace el no menos complicado lenguaje de los párpados y de las cejas. Con él, la vida misma de la mirada se hace más intensa y efectiva. Este lenguaje se puede enriquecer considerablemente con los ejercicios siguientes, los cuales, por vía corporal, contribuyen a estimular la expansión del mismo espíritu.

GRACIA DE LOS ADEMANES

La soltura natural de los ademanes se conquista, y un adiestramiento adecuado permite conseguir esa ductilidad muscular que se traduce en un conjunto personal armonioso y suave.

Hay personas que poseen condiciones excepcionales; pero, en la mayoría de los casos, la gracia que falta en muchos se oculta detrás de sus cuerpos «endurecidos», llenos de tensión y faltos del entrenamiento propicio.

La gracia es connatural a la criatura humana; pero el ambiente hostil y múltiples oportunidades de fingir la vulneran y trastornan lamentablemente.

TABLA DE EJERCICIOS

CULTURA DE LA MIRADA

Ejercicio 1. Debe realizarse de forma que los progresos sean graduales hasta llegar a suspender el parpadeo, sin esfuerzo, por espacio de UN MINUTO.

Tiempo: 2 o 3 minutos por día.

Ejercicio 2. Conseguidos los resultados con el anterior, llevar el tiempo de mirada fija, «sin parpadear», a DOS MINUTOS SEGUIDOS.

Tiempo: 4 a 6 minutos por día, intentando los resultados apuntados.

Ejercicio 3. Realizarlo diariamente hasta conseguir el brillo natural que potencien los párpados ligeramente más abiertos.

Tiempo: 2 o 3 minutos por día.

Ejercicio 4. Durante el tiempo en que se realicen las prácticas anteriores, este ejercicio contribuirá a FIJAR los progresos obtenidos.

Tiempo: 2 o 3 minutos, aproximadamente, por día, para leer la página que se haya seleccionado.

Ejercicio 5. El control que propone este ejercicio debe practicarse hasta dominar con soltura la DESTREZA que resultará de los entrenamientos sugeridos.

Tiempo: Una nota de atención diaria durante 2 meses, aproximadamente.

LENGUAJE DE LOS PÁRPADOS Y DE LAS CEJAS

Ejercicio 1. Efectúese diariamente hasta conseguir una clara ductilidad expresivo-significativa de los párpados.

Tiempo: 20 o 30 segundos por día.

Ejercicio 2. Aproveche cualquier ocasión propicia para multiplicar la capacidad expresiva del rostro. Este ejercicio puede hacerse cuando se «tropiece», en solitario, con algún espejo.

Tiempo: Mínimo diario, 20 o 30 segundos.

Ejercicio 3. Estimula la riqueza significativa de los párpados y pone a prueba su capacidad de conseguir nuevas formas expresivas.

Tiempo: Realizar la práctica completa en 10 segundos y repetirla TRES veces seguidas por día.

Ejercicio 4. Realícese la práctica en 5 segundos hacia un lado y otro tanto para regresar hacia el otro.

Tiempo: 4 veces hacia un lado y 4 hacia el otro, por día.

GRACIA DE LOS ADEMANES

Ejercicio 1. Debe comenzar con lentitud, a fin de asegurarse que una mano descansa completamente y es la otra la que la agita.

Tiempo: 20 o 30 segundos con cada mano una vez por día.

Ejercicio 2. Empezar despacio moviendo las manos en TO-DAS direcciones por el impulso del antebrazo.
Tiempo: 1 minuto por día.

Ejercicio 3. Practicar este ejercicio sin imprimir velocidad a sus evoluciones.
Tiempo: 1 minuto cada día.

Ejercicio 4. Con iguales cuidados que para el ejercicio anterior.
Tiempo: 1 minuto cada día.

Los ejercicios que se proponen en este capítulo deben efectuarse diariamente hasta conseguir los resultados apetecidos. Entretanto, NO CONVIENE PASAR a realizar los de los capítulos siguientes.

Prácticas de expresión oral-corporal y coordinación física

ESCALÓN II

1. Lenguaje corporal antes, durante y al finalizar la intervención de pie

   a) *Acción previa y desplazamiento hasta el lugar desde el que se dirigirá la palabra*
   b) *Expresión del torso y soltura de los ademanes durante el discurso*
   c) *Final y regreso al punto de partida*

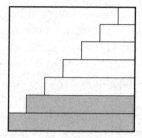

HEMOS DICHO que la expresión oral-corporal comienza cuando se ve a quien ha de hablar, lo que acarrea todo un conjunto de cuestiones a tener en cuenta.

Lo principal será «distender» a los receptores; luego, «disponerlos favorablemente», SIN pronunciar una sola palabra.

¿Cómo lograrlo? Con APLOMO; aplomo que hay que mostrar a manos llenas; para lograrlo basta con guardar la compostura propia de cada momento. Así, si camina, demuestre que hace eso: CAMINAR. Si se detiene, deje ver que cuida de mirar dónde. Que solo cuando tiene **seguridad** de un acto se dispone para con otro. Si toma asiento, debe «notarse». Se dirá que cuando alguien se sienta, se le nota. Pues no es esto TODO. Lo que hay que HACER NOTAR es la CONCIENCIA DE LO QUE SE HACE. Este cuidado tiene que constituir el «regulador» de la conducta hasta el mismo momento de comenzar a hablar.

El autocontrol MANIFIESTO tiene poderosos efectos sedantes. Quienes se disponen a escuchar «sienten» el sosiego que emana de la conducta del emisor [8]. La imagen del que

[8] Las palabras EMISOR y RECEPTOR son utilizadas según la terminología de la Ciencia de la Comunicación, y señalan al que HABLA y al que ESCUCHA en cualquier situación.

habla suele escapar parcialmente a la plena conciencia del receptor; pero influye permanentemente sobre aquel, y le predispone positiva o negativamente sin que pueda explicárselo, se trate de una persona o de un grupo, y con mayor razón cuanto más numeroso.

Las prácticas siguientes permiten entrar de lleno en el acondicionamiento de ciertos reflejos y automatismos que, poco a poco, darán a la imagen el beneficio de su desarrollo **natural.** Deben efectuarse sin prisa, con un gran sentido de concentración. Al principio sería muy útil contar con alguien que CONTROLE minuciosamente la perfecta ejecución de cada paso, con el fin de no omitir ningún detalle.

1. LENGUAJE CORPORAL ANTES, DURANTE Y AL FINALIZAR LA INTERVENCIÓN DE PIE

a) Acción previa y desplazamiento hasta el lugar desde el que se dirigirá la palabra

Escoja un lugar para practicar. Puede servir un pasillo o una sala que se haya despejado parcialmente. En el sitio que seleccione para hablar sería muy útil colocar una tarima cuadrada de unos 10 centímetros de alto y un metro de lado. Si no se puede contar con ella, simplemente SEÑÁLESE el lugar elegido. Esto puede hacese con tiza delimitando la superficie de un metro cuadrado aproximadamente. Hecho esto, procédase como se indica a continuación.

Aléjese unos cuatro metros del lugar señalado para hablar. Coloque a esa distancia una silla y siéntese en ella (postura «social»). La práctica ya puede comenzar. ANTES tenga presente que, desde el momento en que comience su **desplazamiento** hacia el lugar donde ha de hablar hasta el de su vuelta al sitio de origen, NO DEBERÁ RASCARSE, NI «AFINAR» SU GARGANTA, NI «TERMINAR» NINGÚN DETALLE DE SU ARREGLO PERSONAL. Todos estos detalles deben resolverse **fuera de la vista del público,** y en el peor de los casos, ANTES de **ponerse de pie** para desplazarse hacia el lugar desde donde se tenga que actuar; si no cabe la posibilidad de tal desplazamiento, ANTES que los receptores concentren la atención sobre su persona.

Comience. Póngase de pie. «Afine» la garganta con suavidad. Complete, prolijamente, los detalles de su arreglo personal. Rásquese si siente deseos de hacerlo, pues más tarde NO PODRÁ. Inicie su desplazamiento. Camine con sencillez, con el cuerpo ERGUIDO SIN AFECTACIÓN. Al hacerlo, concéntrese en su postura: torso erguido; barbilla paralela con el suelo; piernas en balanceo desde las caderas; brazos movidos por la cadencia natural del andar; largo del paso controlado por el EQUILIBRIO total del cuerpo («talón, arco del pie, dedos»). Controle mentalmente TODOS los detalles. Al llegar al punto de destino, NO GIRE sobre sus talones. Dé la vuelta con PEQUEÑOS PASOS, sin prisa, **mirando hacia el suelo** y hacia el preciso lugar en donde se detendrá COLOCANDO LOS PIES «PARALELOS».

Cuando quede perfectamente en su sitio, cuando ya NO TENGA NECESIDAD DE NINGÚN OTRO MOVIMIENTO con el cuerpo, LEVANTE LA CABEZA. Hágalo apoyando la vista sobre los muebles —de abajo arriba—, a fin de lograr un movimiento SUAVE, continuo y despojado de toda «solemnidad». NO HABLE TODAVÍA. Observe a su público por espacio de **diez segundos**. Si no lo tiene delante, imagínelo. Contemple sus rostros mirándolo con actitud amable, bien dispuesta, benevolente. Obsérveles con afecto, dejando que sus labios dibujen una suave sonrisa. Descanse. Regrese a su lugar. Comience de nuevo TODA la práctica. Repítala cuantas veces sea necesario. Domine TODOS sus movimientos. Controle sus impulsos. Concéntrese. Descanse. Pruebe de nuevo. Tiene que salir TODO perfectamente. No se desanime con esta rutina que puede parecerle demasiado simple. Realice por lo menos TRES prácticas completas antes de seguir adelante.

b) Expresión del torso y soltura de los ademanes durante el discurso

Esta práctica parte de la anterior. Para desarrollarla con eficacia, TENGA PREPARADA una breve charla. Asegúrese de poder HABLAR unos CUATRO MINUTOS. Se trata de hacer un esfuerzo válido, también, para las prácticas siguientes. Si no se prepara, su preocupación por el tema le llevará a descuidar los **«detalles»,** que son una parte fundamental del Método.

Repita la práctica a) completa. «SIN DETENERSE», comience a hablar inmediatamente después de haber contemplado a su público real o imaginario durante los DIEZ SEGUNDOS indicados. Hable por espacio de CUATRO MINUTOS. Mientras lo hace «ACTIVE» la participación de su torso en la gestión expresiva. Mantenga los PIES PARALELOS y las RODILLAS RELAJADAS para que su cuerpo, **en equilibrio,** cargue sobre los arcos de los pies. Destaque su expresión con cadenciosos movimientos de cabeza. Vuelque su atención al ROSTRO, en particular a las CEJAS y a los PÁRPADOS; recuerde que sus estímulos tienen que GUIAR la gracia de sus propios **adema-**

nes. Esfuércese por «actuar» sin el más mínino temor al ridículo. HABLE CON «TODO» EL CUERPO. Mueva las manos. No pretenda hacerlo «BIEN» desde un principio. Recuerde que «practica».

Es probable que durante su adiestramiento «tropiece» repetidas veces. Le costará hilvanar sus pensamientos y encontrar las palabras adecuadas mientras pretende «atender» a tantas otras cosas. No se preocupe; es natural y propio que así sea. Al principio hay que superar el problema de COORDINACIÓN entre MENTE, CUERPO y ESPÍRITU, que se resolverá paulatinamente a medida que avance con las prácticas.

Cuando termine, NO DIGA: «He terminado», ni «muchas gracias», ni «he dicho», ni «nada más». Simplemente, TERMINE.

Deje «ver» que así es por el tono de su voz y el énfasis con que pronuncia el cierre de su discurso. «Todos» advertirán que ha llegado a su destino... Luego agradezca los aplausos reales o imaginarios: «¡Gracias!»... «¡Muchas gracias!»

c) Final y regreso al punto de partida

Cumpla con las prácticas *a)* y *b)* SIN interrupción. Cuando llegue al final de la *b)* y esté agradeciendo los aplausos, prosiga de la siguiente forma: «Gracias»... ¡Muchas gracias!... (Va a retirarse.) AHORA, **deje «ver» a su público (real o imaginario), que vuelve su atención a cada uno de sus movimientos.** Dé el primer paso bajando de la tarima o abandonando el sitio MIRANDO DÓNDE PONE LOS PIES. ¡No se precipite! Es el momento en que le pueden traicionar los aplausos y la emoción. Un mal paso ahora y echaría TODO a perder. MIRE ahora POR DÓNDE va a dirigirse hacia su sitio. Si el camino está perfectamente despejado, avance. Al hacerlo, levante la mirada, saludando si es necesario. Dé muestras de amabilidad, de modestia y de reconocimiento. A medida que avanza, vaya levantándose hasta conseguir la postura erguida, franca y clara.

Al llegar a su sitio demuestre, como hizo anteriormente, que se sitúa con atención. ¿Va a sentarse? Deténgase delante de la silla de espaldas al asiento, SIN levantar la vista del suelo. Ahora, POR EL LADO QUE ENTRÓ, mueva la cabeza y dirija al asiento una **mirada displicente.** Vuélvase de nuevo hacia el frente con la cabeza baja, sin intentar mirar a nadie, y siéntese. Descanse.

Repita la presente práctica hasta lograr desenvolverse con gracia y seguridad. Hágala por lo menos TRES VECES a partir de los aplausos: «Muchas gracias»... «Muchas gracias»... y ADELANTE.

Repase TODAS las indicaciones. El secreto de la armonía del cuerpo se halla en la disciplina de los detalles logrados con gusto y paciencia. Se trata de poner en el ánimo de quienes le vean **la certeza de que se maneja con APLOMO, con SEGURIDAD, con SOLTURA.** Que no se deja aturdir por el halago de los aplausos. Que NO pierde el control de sus movimientos en ningún momento.

La expresión oral-corporal comienza cuando su público lo «ve» y termina cuando «deja de verlo».

3

Educación y empleo de la voz

1. CULTURA DE LA VOZ

ES INNEGABLE que la voz NO lo es «todo» en términos de expresión oral-corporal, pero sí representa un valioso complemento. No aludimos a la voz que hunde sus raíces en cualidades excepcionales, hablamos de la voz que cada uno posee. Es esta la que, salvo raras situaciones de enfermedad o de defectos de cualquier origen, no tiene por qué sonar desagradable.

Hemos conocido muchas personas disconformes con su voz que luego han logrado un apreciable cambio. ¿Cómo puede ser esto posible? Pues, simplemente, porque han superado fallos de COORDINACIÓN o determinados vicios que se manifestaban por presiones y esfuerzos que la desquiciaban lamentablemente. Tales fenómenos tienden a forzar voces «claras» o «engoladas» que resultan artificiosas y desagradables.

Por diversas circunstancias, también puede llegar a deteriorarse la sonoridad de la voz. Es el caso de aquellos que tienen que hablar frecuentemente en tonos bajos y medidos, consiguiendo emisiones próximas al «susurro», que tienen la cualidad de limitar la salida del aire por dos medios igualmente negativos: el de «tragarse» una parte o el de minimizar el esfuerzo del diafragma. Antes o después estaremos en presencia de un timbre de voz empobrecido por los malos tratos. Esto no quiere decir que no haya que moderar la potencia normal de la voz en muchos casos. Quienes tengan que hacerlo convendrá que busquen regularmente el equilibrio por vía de la necesaria expansión.

En muchas ocasiones, y en particular en las circunstancias anteriores, los ejercicios y prácticas siguientes han sido suficientes para resolver diversos problemas.

Al estudiar la expresión oral-corporal, el tema de la voz, en orden a su educación y empleo, reviste particular interés. No se pretende aquí superar un vasto problema, pero sí de alguna forma contribuir a divulgar técnicas y recursos que, sirviendo para la finalidad propuesta, despierten la curiosidad de aquellos que deseen mejorar.

2. APOYO DE LA RESPIRACIÓN DIAFRAGMÁTICA

La voz bien emitida se sostiene con el apoyo de la respiración diafragmática. Viene impulsada por el diafragma, cuya misión es ELEVARLA, proyectándola sobre los órganos de la resonancia.

Esto hace que resulte fundamental iniciar el estudio de la voz por el cultivo de la respiración. La razón de ello es que la voz debe «fluir», por efecto de este impulso, pasando a través de los órganos de fonación en **perfecta laxitud.** Cuando la respiración no es correcta, o siéndolo no tiene suficiente fuerza, la voz «cae», forzando un tono de garganta. Entonces se filtran otros fallos y durezas que, además de producir sonoridades destempladas, acarrean molestias de diversa intensidad.

Los ejercicios que aquí presentamos tienen por objeto fortalecer el DIAFRAGMA y facilitar su función.

EJERCICIOS

1. Teniendo en cuenta los RITMOS estudiados para la respiración abdominal, proceda de la siguiente forma:

Inspire el aire por la **nariz en 4 pulsaciones.** Reténgalo durante otras 2 y **arrójelo por la boca en 12.** La clave del ejercicio radica en que **durante la espiración** el aire salga fluido, igual, hasta terminar. Por consiguiente, su salida debe corresponder con una presión regular del diafragma, SIN afectar los músculos faciales ni la garganta. Tenga cuidado de no alterar la postura del pecho, tanto al inspirar como al espirar.

El aire debe acumularse en la zona baja. Realice este ejercicio cuatro veces seguidas. Descanse unos minutos. Luego, ejercítese otras cuatro con el que sigue. Practique todos los días, observando fielmente las indicaciones [1].

2. Dispóngase para practicar caminando. Sitúese frente a un camino o pasillo largo y coloque las manos sobre la región abdominal para NOTAR la entrada y salida del aire. Luego, proceda de la siguiente forma: **inspire** todo el aire mientras avanza contando **cuatro pasos,** SIN detenerse, **retenga el aire** durante otros **dos pasos,** y mien-

---

[1] Estos ejercicios conviene realizarlos cuando haya efectuado dos o tres ejercicios de respiración abdominal. La práctica debería llevarse a cabo *fuera de las horas destinadas a otros ejercicios,* y nunca cuando se esté haciendo la digestión de una comida.

tras sigue avanzando **espire,** haciendo con los labios: **mu - mu - mu - mu - mu - mu - mu - mu,** OCHO VECES, que deberían coincidir también con **ocho pasos.** Mientras practica, desplácese a una velocidad del orden de OCHO pasos cada CINCO SEGUNDOS.

3. COLOCACIÓN Y RESONANCIA

La resonancia de la voz se produce de forma natural si la columna de aire presionada por el diafragma se sitúa sobre la parte ALTA, en las fosas nasales. Desde allí revierte con una vibración que cristaliza a flor de labios. Esta sería la síntesis del proceso. En la práctica no suele resultar así, porque median factores como la comodidad y el desconocimiento, que hacen que la voz salga de la garganta empobrecida y «achatada». Se dirá que, para hablar, igual vale. Pero no se trata de valer o de no valer, en plan de diario consumo, sino de valorizarla para que cumpla con el cometido superior para el que nos ha sido dada.

El padre Carrillo Sevillano nos da la fórmula más útil para llegar a la resonancia: «ARRIBA CON LA VOZ», «AL CIELO DEL PALADAR»; con la voz bien sostenida por la respiración diafragmática. De esta manera, su voz se producirá LIMPIA y resonará en todas las cavidades y senos donde haya de repercutir [2].

A fin de facilitar la colocación de la voz que dará frutos de resonancia, nos permitimos recomendar lo que bien

---

[2] Ángel CARRILLO SEVILLANO: *La técnica de la voz,* Editorial Perpetuo Socorro, Madrid, 1966, pág. 33.

puede denominarse EJERCICIO FUNDAMENTAL. Este será luego complementado con los de **impostación.** Puede practicarse aprovechando ciertos momentos u ocupaciones; por ejemplo, al conducir o mientras se realizan trabajos manuales de tipo mecánico. Consiste en lo siguiente.

EJERCICIO FUNDAMENTAL

Cante con la boca cerrada. Al hacerlo, forme con el paladar y la lengua una cámara amplia; mientras, mantenga los dientes separados y los labios juntos. Para conseguirlo mejor, baje la barbilla. El esfuerzo muscular NO DEBE terminar en presiones sobre la garganta. Tiene que ir dirigido a mantener la lengua recostada sobre su lecho y en forma de cuchara. La mandíbula desplazada hacia abajo. Todo esto mientras el aire fluye LIBRE desde el diafragma, pasando por la zona de fonación, que tiene que estar perfectamente relajada.

Emita el aire SOLO POR LA NARIZ, presionando desde el diafragma, hasta sentir el cosquilleo de una fuerte vibración. Al practicar, NO CANTE. Haga simples escalas limitadas a DO - RE - MI - FA - SOL - FA - MI - RE - DO, realizadas SIN CORTAR EL AIRE..., lentamente. Procure consumir en la emisión unos DIEZ SEGUNDOS. No desmaye si al principio los esfuerzos no conducen a sonoridades agradables. Llene la voz. Para conseguirlo aspire todo el aire que necesite y después no lo «ahorre»; expúlselo libremente.

Para modelar bien la cámara de resonancia, piense que tiene un huevo en la boca. La vibración NO DEBE

SENTIRLA EN EL PECHO, sino en la nariz y en la punta de los labios. Dirija el aire al «cielo del paladar». Arriba. Con un poco de paciencia logrará «colocar» bien su VOZ.

4. IMPOSTACIÓN DE LA VOZ

Impostar la voz es situarla en su tesitura natural. Colóquela de forma perfecta, regular y fluida, de manera que le permita lucir todas sus variables de tonos y riquezas sonoras. Esto no puede lograrse sin el adiestramiento necesario, que proponemos a continuación.

Una vez que se ha impostado, la voz queda «fijada» en el punto de colocación. Podrá resultar más o menos endurecida por falta de una gimnasia regular, pero no regresará a su punto de origen. Lo que quiere decir que, cuando ha sido impostado, la voz ha quedado en su sitio; ORGÁNICA-MENTE bien situada.

La emisión tiene que SENTIRSE sobre la región frontal, como si fuera dispuesta para estrellarse contra el velo del paladar, y terminar en los dientes superiores. En armonía con este preceso la apertura normal de la boca debe seguir el cauce natural requerido para la pronunciación de las vocales. Ovalada para la «A» y la «O», ligeramente sonriente para la «E» y la «I», con los labios apenas salidos para la «U»; o sea, configurando la movilidad «ordinaria», SIN presiones de gestos extraños **ni desplazamientos de cabeza,** que generan vicios difíciles de corregir.

Las representaciones gráficas que se incluyen permiten dejar a la vista los modelos que representan a cada una de las vocales. Comenzamos por la «U», desde donde derivamos hacia las demás, en un juego de posiciones CLARAS, DISTENDIDAS y NATURALES.

Los ejercicios habrán de servir para lograr, con tiempo y paciencia, su finalidad respecto del desarrollo de la expresión oral-corporal. Por no considerarlo necesario, no se pretende llegar a los complejos estudios de CANTO; pero lo señalado ha de servir a cuantos deseen lograr elevados niveles de perfección.

EJERCICIOS

1. Inspirar de prisa, pero SIN violencia, por la nariz bien ensanchada. Arrojar el aire por la nariz (boca cerrada), tal como se ha practicado con el ejercicio fundamental, pero con un zumbido que suene *HUM - HUM - HUM - HUM - HUM,* hasta gastar una buena parte del aire. Al hacerlo, hay que esforzarse por sentir una fuerte vibración en la nariz. Este ejercicio puede practicarse varias veces al día, hasta lograr SITUAR bien el aire presionado por el diafragma. Evite aspirar la «H». No la convierta en una «J». El sonido debe salir por la presión del aire que había inspirado.

2. Disponga de la postura de la cavidad bucal exigida para el ejercicio fundamental. Abra los labios como si fuera a silbar, pero dejando un orificio un poco más amplio; deben quedar ligeramente «afilados». ¿Lo ha logrado? Compruébelo con el espejo y compárelo con la figura del rostro (frente y perfil) que se corresponde para con la vocal «U».

Respire profundamente. Emita el aire presionando con el diafragma pronunciando una «U», muy larga, dentro de un TONO MEDIO. La garganta LAXA. Presione con el aire. Tras una prueba saldrá bien. **La «U» tiene que sentirse a flor de labios.** La cámara lograda con la lengua y el paladar le dará su nivel de resonancia. Si le cuesta trabajo lograr el resultado que se pretende, pruebe a imitar el ruido de una colmena. Emita el aire por la nariz como si fuera un zumbido y luego vaya situando la «U» mientras modela los labios según se ha indicado.

3. Partiendo de la «U» derivaremos hacia la «O». Adopte la postura para la «U». Baje un poco más la mandíbula y ensanche la apertura de los labios tirando un poco de las fosas nasales. Compruebe con la figura del rostro (frente y perfil). Tiene que lograr más o menos esa forma. Aspire profundamente. Emita el aire presionando con el diafragma pronunciando la «O» larga con un TONO MEDIO. La garganta LAXA. La «O» **tiene que sentirla en la parte dura del paladar.**

4. Partiendo de la «O» lograremos la «A». Adopte la postura de la «O». Baje un poco más la mandíbula. Abra ligeramente más los labios, SIN llegar a descubrir los dientes. Cuando la entone tiene que salir una especie de «O/A». NUNCA UNA «A» CLARA. Mejor que se parezca a la «O» que a la «A». Compruebe la postura en la figura 11 (frente y perfil). Aspire profundamente el aire por la nariz. Presione con el diafragma. Consiga una «O/A» LARGA.

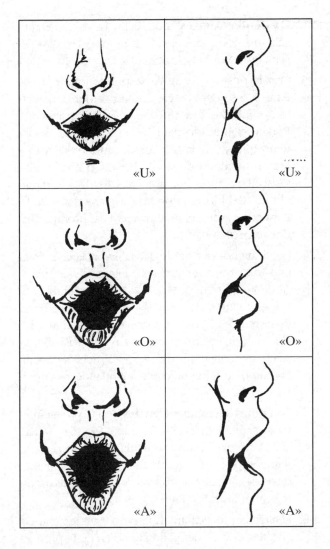

Figura 11

Distienda LABIOS y GARGANTA. La «A» tiene que salir un poco «engolada», pero NO POR TENSIÓN MUSCULAR NI POR RETROCESO DE LA LENGUA.

5. Con la postura de la «A» se puede lograr la «E». Para ello se debe llegar a una postura de los labios a mitad del camino desde la «A» hacia la «O». Repita lo indicado para las otras vocales. Ahora tiene que sonar la «E». Sonará un tanto «oscura» por la influencia de la «O». Ese es su nivel melodioso. Los labios ligeramente «alisados» le darán el tono debido. Compruebe la postura con la figura correspondiente. Emita su voz, pronunciándola en TONO MEDIO.

6. Continuamos derivando. De la «E» hacia la «I». Para ello basta con aumentar los pliegues de los labios. Al emitirla, EVITE QUE LA LENGUA se contraiga sobre el paladar. La sonoridad ha de tender hacia la «U» francesa. Controle la postura en la figura 12. Como en los otros casos, observe la posición de sus labios con ayuda del espejo. Pruebe a emitirla tal como se ha venido recomendando para con las demás.

7. Con **notas sostenidas (iguales),** cante procurando pasar suavemente de la «U» a la «O» y a la «A». Realice este ejercicio **SIN cortarlo.** Inspire profundamente y comience. Al final debe quedar una dosis de aire disponible que podrá expulsar con el primer silencio (Fig. 11).

8. Realice la práctica anterior, pero esta vez con las vocales «E» e «I», derivando también de la primera a la segunda (Fig. 12).

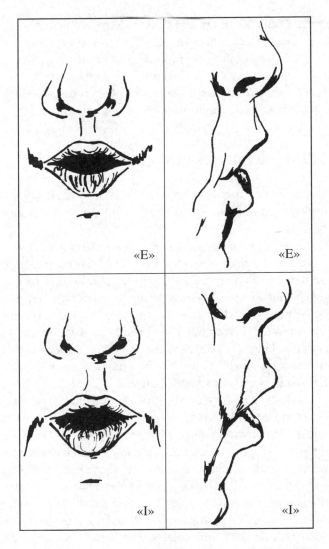

«E» «E»

«I» «I»

Figura 12

9. Comience ahora con la «A» y derive siguiendo su orden gramatical (A, E, I, O, U), todo con una misma inspiración profunda, tal como se indicó en el ejercicio 7. Cuando haya logrado buenos resultados, pase a realizar escalas en tonos medios, intercalando sonidos de distintas vocales.

5. HIGIENE Y CONSERVACIÓN DE LA VOZ

Teniendo en cuenta unas sencillas recomendaciones, podemos contribuir a prolongar los buenos rendimientos de la voz.

Como precaución fundamental, cabe señalar la de respirar por la nariz, sobre todo durante la inspiración; todo un mecanismo de preservación actúa cuando se inspira de esta forma. El aire se calienta y coge un grado conveniente de temperatura y humedad. Los gérmenes quedan controlados por las secreciones y la glándula pituitaria completa la depuración. Cuando, al hablar, el volumen requiera una buena masa de aire, la inspiración será «normal», y simultáneamente por la nariz y **por la boca.**

El riesgo de sufrir cambios bruscos de temperatura suele ser corriente en las grandes ciudades y es nefasto para la voz. En invierno corremos el peligro de la calefacción, que desequilibra la humedad ambiental y modifica sensiblemente la temperatura comparada con el exterior. Otro tanto sucede con los sistemas de acondicionamiento del aire. Todos son negativos para la salud, pues le restan al organismo sus cualidades de autodefensa y lo dejan a merced de los contrastes climático-ambientales. Para paliar estos males del confort moderno, cabe prevenir las diferencias de temperatura y de humedad, en especial las **corrientes de aire,** por tentadoras que puedan resultar en ciertas jornadas estivales. La fórmula para contrarrestar estos desajustes es que, tanto en invierno como en verano, se mitiguen las diferencias ambientales más o menos bruscas recurriendo a los abrigos o permitiendo que el organismo se defienda. Pasados los contrastes, hay que dejar al cuerpo que se adapte a los rigores naturales: frío en invierno y calor en verano. Su maravilloso poder de adaptación le preservará. No conviene ni el abrigo riguroso en invierno, en particular en el cuello, ni los atenuantes del calor en verano, como las **peligrosas bebidas FRÍAS.**

En otro orden de cosas cabe señalar los peligros del abuso de la voz. NO HAY QUE HABLAR «TODO EL DÍA». Por consiguiente, será bueno intercalar periodos de total **silencio** en diversos momentos de la jornada. A este respecto conviene dar el carácter de OBLIGATORIO para los periodos que preceden al esfuerzo. Si debemos hablar en determinada ocasión, convendrá guardar silencio desde **una hora antes** por lo menos. El procedimiento cobraría mayor valor si se adoptara como norma general de conducta para tales ocasiones.

La alimentación juega también un papel importante. Conviene ingerir alimentos ricos en vitaminas A, B_1 y B_{12} y medir los condimentos de diversos tipos [3].

Por último, es recomendable mantener la nariz despejada, y recurrir al médico cuando se presenten problemas de faringitis o laringitis, que mal tratados pueden acarrear

---

[3] Del tabaco y del alcohol no podemos decir más de lo que todo el mundo sabe. Tienen que ser ERRADICADOS, pues entre muchos otros males atacan directamente a los órganos de fonación.

consecuencias irreparables para la voz. Si fuera transitoriamente imposible respirar bien por la nariz y hubiera que hacerlo por la boca, convendrá tomar la precaución de calentar el aire frío mientras se inspira. Para ello bastará con levantar la lengua, curvándola hacia atrás mientras dura la inspiración.

Como colofón de estas sencillas recomendaciones, sugerimos la práctica diaria, por espacio de TRES a CINCO MINUTOS, con el ejercicio «FUNDAMENTAL» y el número «SIETE» de impostación de la voz, ya que tienen notables virtudes para tener una voz «a punto».

Antes de terminar con este especialísimo apartado, nos permitimos llamar la atención del lector sobre un problema que afecta tanto a la higiene como al recto uso de la voz. Se trata de la EXPRESIÓN CORPORAL que en general debe ACOMPAÑAR lo que se dice, en especial la EXPRESIÓN DEL ROSTRO. Nuestra lengua NECESITA DEL APORTE EXPRESIVO para «significar» correctamente el mensaje. Podría decirse que para concretar eficazmente su cometido, «precisa» de nuestra «disponibilidad» propicia; por esto ha estampado sobre la propia fisiología del hispanoparlante el sello de su influencia, y al que no la HABLA «BIEN», LO DAÑA.

El mejor testimonio de nuestras más profundas convicciones en este sentido lo constituye la «legión» de profesores, profesionales, maestros, políticos, religiosos y tantos otros que, por ignorar esta insobornable realidad, padecen toda suerte de afonías y molestias, llevando «a cuestas» una voz que son los primeros en deplorar. En definitiva, CUIDAR SIEMPRE que al elevar el volumen de la voz el **rostro dibuje la expresión del sentimiento que lo ha exigido.**

6. Distensión corporal

La distensión corporal es requisito básico para dar a la voz su tono natural y para mostrar la mejor imagen física. Implica conseguir un tono muscular capaz de reflejar el equilibrio y la armonía de un estado general apacible. Esta forma de «mostrarse» resulta tranquilizante y anticipa una entente cordial. Denota una presencia estabilizada, conciliadora, despojada de las huellas que la vida moderna imprime con sus ruidos y nervioso trajín. Estas «huellas» hablan de tensiones, de preocupaciones, de ansiedades y de violencia. Descubren cuerpos crispados que se debaten presa de movimientos automáticos en evidente descontrol.

Pero ¿cómo lograr esa distensión ideal? Pues luchando por conseguirla. La distensión no proviene del mero hecho de comprender o de aceptar determinadas formas de comportamiento. No basta saber cómo hay que actuar para reflejar la mejor imagen. Se trata más bien de conseguir dominarse gracias al conocimiento del propio cuerpo y de los recursos que contribuyen a estabilizarlo. En este sentido hemos empezado a trabajar cuando proporcionamos los ejercicios de gimnasia respiratoria abdominal y completa y cuando explicamos los ejercicios para conquistar la soltura de los ademanes.

A continuación veremos los ejercicios que habrán de completar, en el orden corporal, el conjunto estudiado. Su cultivo regular acrecentará el caudal de coordinación física, que redundará en beneficio DIRECTO de la capacidad de CONTROLARSE, y todo ello sin ocasionar una represión dañina ni afectar a una conducta natural.

112　　TODOS PUEDEN HABLAR BIEN EN PÚBLICO

EJERCICIOS

1. Por las mañanas, al levantarse, y por la noche, antes de acostarse, desperécese con el máximo de soltura. Realice esta práctica TRES VECES, y disfrute de sentir el bienestar que produce.

2. Siéntese en una silla con respaldo recto y apoye sobre él la espalda. Cierre los ojos. Haga «rechinar» los dientes mientras presiona con la punta de la lengua, ligeramente encima de los dientes superiores. Tras SIETE SEGUNDOS comience a relajar ROSTRO, LENGUA y BARBILLA, despegando los labios e inclinando la cabeza hacia abajo hasta dejarla «colgando» laxa sobre su pecho. Desde esa postura —con gran sentido de distensión— realice lentamente un movimiento de ROTACIÓN AMPLIA hacia un lado y hacia atrás, hasta que, **sin interrupción,** complete un círculo en el punto de partida. DURANTE TODO EL MOVIMIENTO DE ROTACIÓN, **murmure** con un tono medio de voz, y de forma apenas inteligible, la palabra «BARALABIA». Efectúe la práctica DOS VECES en un sentido y otras DOS en el otro, de forma alternada. Realice la práctica COMPLETA SIN INTERRUPCIÓN AL PASAR DE UNA A OTRA FASE DEL EJERCICIO. Invierta 15/20 segundos para realizar una rotación o circulo completo [4].

---

[4] Se recomienda especialmente este ejercicio a TODOS los que «comprometen» su voz de forma profesional y a quienes sufren molestias ocasionadas por un esfuerzo impropio de carácter extraordinario, eventual o regular.

3. Descanse en un sillón, dejando que sus brazos cuelguen laxos por ambos lados. Proyecte sus piernas al frente, de modo que sus pies estén a unos 15 centímetros del suelo. Estírelas al máximo por espacio de CINCO SEGUNDOS. Luego, bruscamente, SUÉLTELAS, dejándolas caer completamente relajadas. Realice esta práctica TRES VECES, intercalando breves descansos.

4. De pie. Proyecte los brazos paralelos al frente, de forma que las manos estén a un mismo nivel respecto de los hombros. En esa posición, con los puños cerrados, imprima a sus brazos y puños la máxima tensión por espacio de SIETE SEGUNDOS. Luego corte bruscamente la fuerza y déjelos «caer» naturales a su sitio. Realice la práctica TRES VECES SEGUIDAS, intercalando breves descansos.

5. Entrelace los dedos de las manos detrás de la cabeza erguida, de forma que las palmas se apoyen sobre los costados de la nuca. En esta posición empuje los codos lo más atrás posible. Tras SIETE SEGUNDOS de presión regrese a la posición de origen en máxima distensión. Pase finalmente a una postura natural ligeramente «muelle». Realice la práctica TRES VECES SEGUIDAS, intercalando breves descansos.

6. De pie, sacuda rápida y libremente su pie derecho, durante SIETE SEGUNDOS, mientras carga el peso del cuerpo sobre el izquierdo. Descanse. Repita el ejercicio con el otro pie, sacudiéndolo ininterrumpidamente por igual espacio de tiempo. Este ejercicio puede hacerse descansando el cuerpo sobre el suelo y levantando hacia arriba las piernas para «agitar» los pies. En cada ocasión, repita TRES VECES SEGUIDAS la práctica, intercalando breves descansos.

Los ejercicios de DISTENSIÓN CORPORAL tienen que constituir una práctica regular, una vez por semana, para mujeres y hombres de acción y todos los que habitan en grandes centros poblados.

La imagen corporal depende del nivel de coordinación física.

RESUMEN

Educación y empleo de la voz

CULTURA DE LA VOZ

En expresión oral la voz representa un valioso complemento. Si no surgen fallos de coordinación o se producen presiones impropias sobre la laringe, la voz tiene que resultar agradable. La emisión artificiosa, demasiado «clara» o, por el contrario, «engolada», puede corregirse, al igual que otros muchos vicios. En buena parte de los casos una atención cuidadosa sumada a los ejercicios, consejos y prácticas aquí propuestos, brindarán óptimos resultados.

APOYO DE LA RESPIRACIÓN DIAFRAGMÁTICA

La voz, bien proyectada, se sostiene con el apoyo de la respiración diafragmática, cuya misión es ELEVARLA sobre los órganos de la resonancia; de ahí que el estudio de la voz deba comenzar por el de la respiración propicia. El aire debe «fluir» impulsado por el diafragma, pasando por los órganos de fonación en perfecta laxitud.

COLOCACIÓN Y RESONANCIA

La resonancia de la voz se produce de forma natural si la columna de aire se sitúa sobre la parte ALTA, en las fosas nasales; desde allí, revierte con una vibración que cristaliza a flor de labios.

La comodidad y el desconocimiento hacen que muchas veces la voz salga de «garganta», empobrecida y achatada. Por esto cabe tener presente que un esfuerzo será siempre necesario; pero no sobre la garganta, sino sobre el diafragma, a fin de lanzarla hacia arriba, al cielo del paladar.

IMPOSTACIÓN DE LA VOZ

Impostar la voz es situarla en su tesitura natural; colocarla de manera perfecta, regular y fluida para que produzca toda la riqueza de tonos que la caracterizan. La emisión tiene que sentirse en las fosas nasales mientras la boca cumple con el cauce normal de su disposición para producir los sonidos que requieren las diferentes vocales: «U», «O», «A», «E», «I».

HIGIENE Y CONSERVACIÓN DE LA VOZ

Unas sencillas recomendaciones para prolongar en el tiempo la calidad sonora de la voz: lo primero, respirar por la nariz en todo momento; salvo cuando, por exigencias del habla, la masa de aire tenga que ser completada por la boca. Esto último suele ser corriente para diversas exigencias y actividades. En segundo lugar, de forma sustancial, cabe cuidar la EXPRESIÓN CORPORAL al hablar. Actuar de manera que la responsabilidad significativa del mensaje descanse sobre la movilidad de los párpados y de las cejas.

Por lo demás, atender a los cuidados esenciales, que podrían sintetizarse en lo siguiente: evitar el consumo de productos muy fríos o muy calientes, como también los que intoxican el organismo, en especial los que lo dañan frontalmente, como el **tabaco** y el **alcohol**. En invierno prescindir del exceso de abrigo, en particular el proporcionado por bufandas y tapabocas. Otro tanto debe decirse del abuso de la calefacción y de los sistemas de acondicionamiento del aire, que privan al organismo de las defensas inscritas en su notable capacidad de «adaptación» a las exigencias ambientales y naturales.

DISTENSIÓN CORPORAL

Es este un requisito para dar a la voz su tono natural, dado que no proviene del mero hecho de aceptar o comprender determinadas formas de comportamiento; por tanto, es necesario aprender a conservar el equilibrio mediante la práctica de recursos encaminados a tal fin. Las posturas «de base», que hemos explicado, los ejercicios de respiración abdominal y completa, y los indicados para la soltura de los ademanes, complementan a los propuestos en este apartado.

TABLA DE EJERCICIOS

APOYO DE LA RESPIRACIÓN DIAFRAGMÁTICA

Ejercicio 1. Junto con el que sigue, son especialmente indicados para potenciar la acción del diafragma y aumentar la captación del aire en la zona baja. Caso de necesitar su contribución, practicar como sigue: realice dos o tres respiraciones abdominales previas; luego efectúese la practica siguiendo atentamente las instrucciones. Hágase 4 veces seguidas intercalando breves descansos.

Tiempo: Entrénese diariamente hasta notar que se maneja cómodamente con la suficiente masa de aire, toda vez que pretenda levantar la voz.

Ejercicio 2. Corresponden a este ejercicio los detalles apuntados en el anterior. Realícese a continuación durante 4 veces seguidas, intercalando breves descansos.

Tiempo: El necesario para conseguir los resultados apetecidos; o sea, cuando se note una mayor comodidad al realizar las presiones del diafragma durante los momentos de máxima exigencia para la voz.

En ningún caso estos ejercicios deben provocar cansancio. Evítese realizar esfuerzos al realizarlos. Si se advierten síntomas de cansancio, reducir el número de prácticas diarias hasta la medida de la comodidad personal.

COLOCACIÓN Y RESONANCIA

Ejercicio fundamental. A fin de favorecer la resonancia y colocación de la voz, este ejercicio debe practicarse tres veces por día. Al hacerlo, cuidar de no hacer esfuerzos musculares que presionen sobre la garganta.

Tiempo: Consumir en cada emisión DIEZ SEGUNDOS. Actuar durante cuatro meses seguidos. Este ejercicio se complementa, idealmente, con los de impostación de la voz.

IMPOSTACIÓN DE LA VOZ

Durante 4 meses seguidos, aquellos que pretendan obtener resultados que potencien las habilidades para colocar y emitir la voz practicarán diariamente el ejercicio FUNDAMENTAL, y con el siguiente régimen los del presente apartado:

Ejercicio 1. Cada día tres veces seguidas consumiendo cada vez una importante masa de aire, aunque SIN LLEGAR A AGOTAR LA RESERVA totalmente. Tras un breve descanso, practicar el ejercicio 2.

Ejercicio 2. Diariamente, dos veces seguidas a continuación del número 1. Tras un breve descanso, pasar al número 3.

Ejercicios 3 al 9. Todos los días, dos veces seguidas cada ejercicio, pasando, tras un breve descanso, al siguiente hasta completar el entrenamiento diario. Derivar, para cada ocasión, desde el ejercicio «fundamental» al número 9, completando el ciclo.

> Antes de comenzar las prácticas regulares de colocación y resonancia y de impostación de la voz, asegurar la perfecta realización individual de cada ejercicio.

DISTENSIÓN CORPORAL

Ejercicio 1. Tres veces seguidas al levantarse y antes de acostarse.
Tiempo: 12 segundos cada vez.

Ejercicio 2. Realícese siempre que se sientan molestias o síntomas de cansancio en los músculos de la cabeza, y siempre que se haya efectuado un esfuerzo con la voz.

Tiempo: 15/20 segundos en cada rotación completa. Efectuar la práctica dos veces en un sentido y dos en el otro.

Ejercicio 3. Tres veces seguidas.
Tiempo: 7 segundos de tensión previa.

Ejercicio 4. Tres veces seguidas.
Tiempo: 7 segundos de tensión previa.

Ejercicio 5. Tres veces seguidas.
Tiempo: 7 segundos de tensión previa.

Ejercicio 6. 7 segundos en relajar cada pie.

Los ejercicios 3, 4, 5 y 6 pueden practicarse independientemente, dedicando especial atención a la parte que se quiere distender.

Prácticas de expresión oral-corporal y coordinación física

1. Potenciación de la imagen y el lenguaje del cuerpo antes, durante y al finalizar la actuación sentándose a una mesa.

   a) Desplazamiento hasta el lugar escogido. Forma de sentarse y de conducirse antes de hablar.
   b) Expresión del torso, rostro y cabeza. Neutralización de los ademanes. Relajación de las manos sobre la mesa.
   c) Final y regreso al punto de partida.

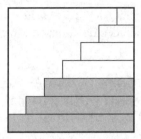

LA MAYORÍA DE LA GENTE suele creer que resulta mejor hablar sentado que de pie; es más, da por supuesto que para hablar de pie hay que situarse **«detrás» de algo.** Una mesa, un atril, una balaustrada, una cerca; en fin, algo que «proteja», que ponga «distancia»..., que dé la sensación de SEGURIDAD.

Todo lo dicho resulta corriente y estamos acostumbrados a verlo más o menos así, y es cierto. Los elementos sirven de «protección», al menos aparente. Valen para desenvolverse con más libertad; pero también es cierto que dificultan la comunicación. Esa «distancia» que facilitan no es solo física. Es también una valla psicológica que impide «llegar bien», que minimiza los efectos del orador, que debilita su imagen. Por esto creemos que la mejor forma de hablar será siempre aquella que muestre limpiamente la figura del que se «da»; es decir, de PIE, SIN NADA DELANTE.

Sabemos que esta fórmula no es la más cómoda, que no permite «tirarse», «descansar» o «apoyarse» y, en fin, variar al infinito toda la gama de «DESCOMPOSTURAS» corporales; pero siempre será la mejor para «darse»..., para demostrar «entrega»..., para exhibir un ánimo cordial «a todo cuerpo»... sin retaceos.

Hablar sentados a una mesa NO es lo más favorable. Veamos a continuación cómo debemos practicar para superar esta dificultad; para que, **«pese a la mesa»,** obtengamos unas óptimas imágenes de la expresión oral-corporal.

1. POTENCIACIÓN DE LA IMAGEN Y LENGUAJE DEL CUERPO ANTES, DURANTE Y AL FINALIZAR LA ACTUACIÓN SENTÁNDOSE A UNA MESA

a) **Desplazamiento hasta el lugar escogido.**
Forma de sentarse y de conducirse antes de hablar

Disponga de una **mesita de cuatro patas** y de una silla con **el asiento horizontal y duro.** Colóquelas de modo que haya que caminar unos cuatro metros para llegar hasta ellas. Acerque la silla hasta que el respaldo quede casi pegado a la mesa y el asiento debajo. Sitúese a una distancia de cuatro metros del conjunto en donde tendrá que hablar. En este último lugar, coloque otra silla. Siéntese. Desde este lugar (cuatro metros aproximadamente del conjunto) ha de comenzar la práctica.

Comience. Póngase de pie dirigiendo la cabeza hacia abajo. «AFINE» SU GARGANTA. RÁSQUESE SI LO DESEA. En postura erguida repase su peinado y vestimenta. Luego avance hacia la mesa mirando al suelo para dar el primer paso. Llegue hasta la silla deteniéndose a un costado. Cójala de la parte superior del respaldo. Con la misma mano (dedo pulgar delante), desplácela hacia atrás **de forma que pueda entrar limpiamente su cuerpo** entre la silla y la mesa. Conserve la mirada baja durante estos movimientos. NO INTENTE «MIRAR» A SU PÚBLICO (real o imaginario) EN NINGÚN MOMENTO. Dé muestras de que ATIENDE a lo que está haciendo: «SENTARSE».

Proseguimos. Está de PIE, la mirada baja y el cuerpo de cara a la mesa y de espaldas a la silla. **Por el lado que entró,** tuérzase ligeramente para mirar a la silla con «displicencia». Solo tiene que decir CORPORALMENTE: «me siento»; nada más.

No mire a la silla con «atención cuidadosa». Más bien hágalo con aire de «apenas si te tengo en cuenta». Recuerde que solo se trata de hacer «ver» **la conciencia de sus actos.** Por eso, con suave movimiento, consiga distinguir la «esquina» del asiento más próxima de su cuerpo. No aproveche este «volverse» para sentarse; retorne a la posición inicial, siempre con la vista baja.

Luego, siéntese arrimando con ambas manos la silla mientras considera la distancia que deberá guardar respecto de la mesa[5].

Ocupe la primera mitad del asiento. Cargue el peso de su cuerpo sobre los huesos de la pelvis. El de las piernas, sobre los pies paralelos; uno ligeramente delante del otro. CONSERVE TODO EL TIEMPO LA MIRADA «BAJA».

---

[5] Salvo situaciones muy particulares, la distancia ideal puede medirse con el siguiente procedimiento: Siéntese sobre la primera mitad del asiento (postura «intelectual»). Deje que sus brazos cuelguen naturales por ambos lados de su cuerpo. Desde esta posición doble los brazos de forma que los codos estén perpendiculares respecto de los hombros. Luego intente llevar las manos sobre la mesa haciendo que las muñecas queden en el borde. Esta sería la distancia ideal del cuerpo respecto de la mesa. Si las muñecas no alcanzan a descansar en el borde, arrímese hasta lograrlo. Si lo sobrepasan, aléjese hasta que ganen ese lugar mientras los codos permanecen en una vertical respecto de los hombros. Por último, APRÉNDASE su distancia personalísima para observarla en cada actuación.

Arregle la parte de su vestimenta que haya podido verse afectada por el hecho de sentarse. Coloque las manos sobre la mesa, pero SIN APOYARSE. No debe aprovechar manos y brazos para descansar una parte del peso de su cuerpo. Ahora, con un movimiento continuo de torso y cabeza, termine la operación adoptando la postura ERGUIDA (postura «intelectual»).

Para mejor proceder, convendría que la mirada se apoyara en otro mueble o en la pared para «ir ascendiendo»; pasando GRADUALMENTE, desde el nivel del suelo hasta el del auditorio. Tenga presente que una vez que comienza a enderezar torso y cabeza, las piernas y el cuerpo NO DEBERÍAN MOVERSE de la posición lograda hasta ese momento.

Hagamos una síntesis de los movimientos para volver a practicar. Hay que conseguir una gran SOLTURA y una «NATURAL» precisión.

De pie. «Afine» la garganta. Repase vestidos y peinado. Avance mirando de vez en cuando por dónde camina, hasta ponerse de **costado a la silla** donde volverá a sentarse.

Desplace la silla hacia atrás con una mano; dedo pulgar delante. No la levante totalmente. Arrastre las patas delanteras levantando ligeramente las de atrás. Sitúese entre la silla y la mesa. Vuélvase para mirar de soslayo la esquina más próxima del asiento. Regrese a la posición inmediatamente anterior.

Siéntese arrastrando con ambas manos la silla y ocupando la parte delantera del asiento. Coloque las manos sobre la mesa. Las piernas, paralelas, descargando su peso sobre los pies francamente apoyados en el suelo; un pie un tanto delante del otro. Enderece su cuerpo. Vaya levantando despacio la cabeza. Ahora mire a su público (real o imaginario).

Desde este preciso momento YA NO PUEDE MOVERSE DE
SU ASIENTO hasta que, supuestamente, haya terminado de
hablar. Descanse.

Repase y memorice todos los alcances y movimientos de
la práctica. No se perdone ningún fallo. No deje que su cuerpo
haga NADA AUTOMÁTICAMENTE. Repita la práctica con paciencia. Si otra persona controla los detalles, mucho mejor.

**b) Expresión del torso, rostro y cabeza. Neutralización
de los ademanes. Relajación de las manos sobre
la mesa**

Realice completa la práctica *a)*. Ahora, desde que ha
quedado mirando a su público, SONRÍA con suavidad y sencillez. No hable desde el mismo momento en que queda
su mirada levantada. Aguarde por espacio de DIEZ SEGUN-
DOS. Observe, o imagine, la actitud benevolente y dispuesta
de los receptores. «MÍRELOS» CON AFECTO Y BONDAD. Pasee
su mirada DESPACIO, escogiendo ciertos rostros al azar [6]. Recuerde, cuando mire, que sea directa y exclusivamente AL
ENTRECEJO. No a los ojos.

Hable ahora por espacio de CUATRO MINUTOS. Al hacerlo,
mantenga su cuerpo erguido sin dureza. NO MUEVA NI LAS
MANOS NI LOS BRAZOS. Déjelos reposar sin presión sobre la
mesa y NO se valga de ellos para descansar su cuerpo. Mientras habla, **potencie los movimientos del rostro y de la
cabeza.**

---

[6] Para templar los nervios de los primeros momentos al HABLAR EN
PÚBLICO, un recurso muy eficaz consiste en mirar el rostro de familiares,
amigos o conocidos que puedan hallarse entre la concurrencia.

Ponga en actividad el TORSO. Muévalo significativamente siguiendo hacia atrás y hacia delante las variantes y alternativas de la EXPRESIÓN de su mensaje. Cada vez cuide de «retornar» a la postura «de base» (postura «intelectual»).

c) Final y regreso al punto de partida

Partimos de la práctica *b)*. Repita las palabras que cierran su charla. Llegue hasta la recepción de los aplausos. Agradézcalos. «Gracias»... «Muchas gracias»...[7].

---

[7] Al agradecer los aplausos, debe tener en cuenta TODOS los detalles expuestos en el ESCALÓN 2, al que nos remitimos.

Al agradecer, NO SE MUEVA DE SU ASIENTO. Hágalo sumando a sus palabras una ligera inclinación de torso y cabeza. Refleje sin reverencia su cordial aceptación. Dirija su rostro tratando de cubrir vastas zonas del público (real o imaginario).

✳ ✳ ✳

Va a levantarse. **Volverá a demostrar la conciencia de sus movimientos reflexivos.** Recuerde que los aplausos tenderán a confundirle. En este momento puede quedar a merced de sus IMPULSOS.

Dejando de mirar de frente, baje la vista. Incline ligeramente la cabeza para mirar hacia sus manos en el momento de mover la silla. Al asirla del asiento con firmeza, levántese desplazándola simultáneamente hacia un costado y hacia atrás. Deje la silla según haya quedado. No la mire. Si el público continúa con sus aplausos, deténgase al lado de la mesa y renueve sus muestras de agradecimiento sincero. **Luego vuelva a lo que tiene que hacer** y baje nuevamente la vista. Tendrá que caminar hasta su lugar. SU PÚBLICO LE «VE». Su papel NO HA CONCLUIDO TODAVÍA. Mire por dónde camina. Avance SIN levantar la vista del suelo hasta que compruebe que la vía está expedita; solo entonces levante la cabeza. Si nada puede dificultar su marcha, vuelva a mirar adelante y hacia su público. Si es el caso, salude mientras camina.

Cuando llegue a su sitio, SIÉNTESE, SIN PRISA; consciente, otra vez, de la nueva tarea. Volviéndose sobre el lado por donde entró, MIRE LA SILLA con «displicencia», vuélvase otra vez y SIÉNTESE. El cuerpo ahora, AL FONDO DEL ASIENTO (postura «social»). Descanse.

Al promediar esta etapa del adiestramiento juzgamos oportuno volver sobre las razones que lo tornan indispensable. Sobre todo quisiéramos llevar definitiva **tranquilidad** a los que puedan pensar que, como producto final, aguarda una suerte de «uniformidad condicionadora» que muestre a los oradores hablando de la misma manera. De todas formas no faltará quien incluso pretenda sacar buen partido de todo esto para componer sus críticas desalentadoras o practicar juegos que tomen a broma los mismos fundamentos de la tarea comprometida. En este caso, creo que no deberían sentirse muy ufanos.

De todos modos insistimos en que un buen grado de COORDINACIÓN FÍSICA equivale a conseguir una conveniente «docilidad» del cuerpo a fin de traducir EN ACTO las imágenes mentales que se correspondan con determinada conducta corporal, apropiada para HABLAR «BIEN». Y, en definitiva, esta es la pretensión de los adiestramientos que conforman los ESCALONES de progreso que completan la metodología del libro.

Es independiente de este aspecto esencial cuanto proponemos en estas mismas partes sobre «detalles» de conducta que, una vez realizados con absoluta NATURALIDAD —como fruto del entrenamiento regular—, permitirán obtener imágenes ideales para desenvolverse con éxito en las más exigentes y comprometidas situaciones. En una palabra, PERSEGUIMOS «NATURALIDAD», y esta proviene de los esfuerzos ordenados y conducentes a someter ciertas espontaneidades impropias, muchas veces ignoradas, a los dominios de la conciencia.

Este libro es práctico y por ello no podemos extendernos en fundamentar nuestro pensamiento sobre este apasionante tema, sin detrimento de la sencillez y de la claridad de cuanto sugerimos para ganar determinados resultados. No obstante, no hemos querido sustraernos al deber de realizar este comentario, a fin de proseguir con la confianza de ser cabalmente interpretados.

No pase a ensayar las prácticas del ESCALÓN IV sin antes comprobar que realiza estas y las anteriores con soltura y SEGURIDAD; sin omitir ningún «detalle».

Los detalles tornan grácil el lenguaje corporal expresivo.

4

Exigencias
de la comunicación oral

1. Paz, seguridad, control
2. Actitudes propicias en la entrevista y
   comunicación directa:
   a) *Lenguaje corporal*
   b) *Contenido persuasivo*
   c) *Enunciación correcta*
3. Saber escuchar
4. Vicios de la comunicación oral personal:
   a) *Afán de aprobación*
   b) *Inestabilidad verbal*
   c) *Efusividad comunicativa*
5. Distensión mental

1. PAZ, SEGURIDAD, CONTROL

LA PAZ, la seguridad y el control de sí mismo son factores determinantes del éxito en la comunicación oral personal, pues con ellos las ideas se clarifican, las frases se construyen sin dificultad y el pensamiento y los sentimientos se pueden comunicar libremente. ¿Qué quiere decir esto de PAZ, SEGURIDAD, CONTROL? Veamos su explicación por separado.

Entendemos la PAZ como un feliz encuentro de carácter afectivo-sensitivo; un equilibrio de pasiones morigeradas; el vértice donde se unen dos grandes principios: de contemplación el uno, de acción el otro. Inteligencia y voluntad. Elemento simple, activo y pasivo, del cual parece proceder lo que en nosotros «ve» y lo que en nosotros «quiere».

❋   ❋   ❋

La PAZ es un valor «irradiable». Se traduce en la **serenidad del que se DA** por amor a los demás en afán de servicio; SIN especulaciones, SIN contrapartidas presupuestadas: tanto doy, tanto debo recibir.

Los mejores frutos se dan en el que NO «espera» NADA; en el que aprende a prodigar SU PAZ, a inundar de afecto sus actitudes para con los otros, conocidos o desconocidos, amigos o enemigos, semejantes o criaturas. Esta es la «PAZ» a la que pretendemos referirnos. Simple AMOR. Simple AFÁN DE SERVICIO. Simple estado de saber que se ha puesto TODO para el bien del «otro». Esta PAZ **se concilia con los objetivos dignos y los propósitos buenos.**

La SEGURIDAD la dan los criterios con que se aceptan «por anticipado», con corazón leal y contento, los pequeños contratiempos y los eventuales fracasos. Es camino de inteligencia. Algo así como un «seguro a todo riesgo». No significa poner en duda lo que no se ve. No significa situarse de parte de lo favorable y **aceptar por anticipado** lo que no puede ser. Es la disposición que permite proceder con buen ánimo cuando lo que se espera ya NO VENDRÁ, por lo menos por ese camino. Es la posibilidad de no fracasar nunca; de convertir en ETAPA el contratiempo. Etapa de reflexión. Etapa de estudio; de disponer lo necesario para la nueva decisión. SEGURIDAD que, sirviendo «con bien», no podrá darse cuanto NO SEA PROPICIO **al propio bien.**

Por CONTROL entendemos la flexibilidad prudente que mueve a comprender con lucidez. Ayuda a reflexionar, pensar, sentir, actuar. Es la luz que señala el camino del QUERER, de la voluntad. Solemos vivir con el prejuicio de que la voluntad es sobre todo instrumento de ACCIÓN. Hacer con energía un acto o resolver su contención. Enfrentarse con una idea o con su rechazo. Sin embargo, la PRIMERA EXIGENCIA para que pueda existir el «QUERER» es el **aumento de CONSCIENCIA.** Es la presencia atenta y reflexiva, que mueve a poner en marcha los centros superiores del comportamiento. La que dispone para «querer reflexionar», **como acto previo,** para la acción o la contención.

Estos tres valores: PAZ, SEGURIDAD, CONTROL, resumidos en la persona, constituyen el medio más eficaz de inspirar **confianza.** En definitiva, es esta la que consigue la receptividad y la «apertura», la que dispone el camino de la comunicación más efectiva.

2. ACTITUDES PROPICIAS EN LA ENTREVISTA Y EN LA COMUNICACIÓN DIRECTA

Hemos descrito la PAZ, la SEGURIDAD y el CONTROL, de forma pasiva, como factores dispuestos para ser vividos y trasuntados en medio de los contactos humanos. Esos factores tienen que fructificar en el hombre y buscar los canales de su más activa expansión.

a) Lenguaje corporal

El cuerpo humano tiene su propio lenguaje, que se manifiesta por una variedad de mensajes que va emitiendo regularmente. Tales **«mensajes»** unas veces coinciden con las expresiones verbales, y en esos casos las ratifican. Otras veces las contradicen. Si es así, nace una sensación negativa que puede dificultar los resultados de un encuentro y llevarlo al fracaso.

❋ ❋ ❋

¿Cómo nos ven los demás? ¿Qué dice nuestro cuerpo cuando intentamos comunicarnos? Estas preguntas y otras similares resultan obligadas si se pretende sacar el mejor partido de los reales valores individuales. Paralelamente, cabe prestar atención a la propia imagen y a los actos que constituyen el aspecto más destacado de la conducta cotidiana: POSTURAS, ADEMANES, FORMA DE VESTIR, ARREGLO PERSONAL, SALUDO, GOBIERNO DE AUTOMATISMOS, ACCIÓN EN LA DESPEDIDA. Consideraremos someramente cada uno de estos componentes de lo que podríamos llamar exteriorización global de la persona, y que de una u otra forma comprometen una buena imagen. Se trata, pues, de los extremos que convendrá «vigilar» para toda situación, entrevista o encuentro de especial significado.

Posturas. Deben ser ACTIVAS, permaneciendo SIN cruzar los brazos y las piernas. Deberían afirmarse sobre las que hemos llamado posturas «de base», que además de favorecer una expresión natural y fluida tonifican el ánimo y la fisiología.

Ademanes. Es prudente limitarlos a los más imprescindibles, cuidando de que, en caso necesario, sean muy parcos en indicar o señalar algo. Las manos permanecerán siempre «visibles»; por tanto, sujetas a posturas que las «exhiban»; nunca en los bolsillos.

Forma de vestir. «Clásica». Como tenga por costumbre la mayoría dirigente del medio de origen, en consonancia con el que se visita. El buen gusto sugiere prescindir de detalles muy sobresalientes; la buena comunicación, de los que muevan a «DISTRAER» al semejante.

Arreglo personal. Debe estar presidido por la pulcritud, dado que la esencia de su sentido se halla en NO DESAGRADAR.

Un comentario especial merecen **los zapatos:** deben ir perfectamente LIMPIOS SIEMPRE y bien asegurados al pie. Cuídese de tener el calzado en buenas condiciones. La ropa, bien dispuesta. En ningún momento ha de constituir un motivo de «INQUIETUD» para quien la usa.

Mirada. Actuando en **público,** proyéctela directa y exclusivamente sobre los ENTRECEJOS de aquellas personas que se puedan percibir, pasando alternativamente de unos a otros mediante una discreta movilidad; **en privado,** sujeta de una hábil «esgrima», discurriendo por el rostro del interlocutor y también sobre su imagen en un ágil seguimiento de su **lenguaje verbal y NO verbal.** Cabe «FIJARLA EN EL ENTRECEJO» toda vez que se comuniquen cuestiones específicas o delicadas y siempre que se expongan argumentos «clave».

Como hemos señalado en el apartado correspondiente (cap. 2, tema 3, «Cultura de la mirada»), cuando la mirada se concentre sobre el «ENTRECEJO», será preciso NO PARPADEAR e **inundarla de AFECTO.** Este requisito final evitará causar una desconcertante impresión, pues la mirada «sin parpadear» tiende necesariamente a endurecer la expresión.

Saludo. Tiene que ser cordial y desprovisto de agresividad. Franco. Abierto. Sin aparatosas manifestaciones. Directo. Despojado de tímidas cortesías y de solicitudes de venias. Pleno de AFECTIVIDAD. Si se trata, por ejemplo, de visitar en su despacho a determinado señor, tener en cuenta los siguientes detalles: llamar (dos golpes claros y diferenciados; ni muy nerviosos, ni muy lentos), entrar, si aguardan, SIN ESPERAR respuesta. Cerrar la puerta SIN mirar en la dirección del titular. Volverse. Mirar ahora, limpiamente, a SU entrecejo y dirigirse hacia él derivando la vista para ver por dónde se camina. Acercarse con el rostro sonriente. LLEGAR JUNTO AL ESCRITORIO o sitio donde se encuentre y tender la mano franca, cordial, en consonancia con la que «previamente» haya ofrecido. Sentarse, si cabe hacerlo, respondiendo a la invitación, «MIRANDO» LA SILLA por el lado en que se entró.

Gobierno de automatismos. Como su nombre indica, requiere CONTROLARSE; tener las manos y el cuerpo DISTENDIDOS. NO JUGAR. No tocar nada. Si fuera necesario usar un bolígrafo o cualquier elemento, una vez utilizado remitirlo a su sitio, o a un lugar apropiado, en donde quede inmóvil a la espera de volver a emplearlo. No retenerlo en las manos. Por importante que resulte cualquier tema, NO ARRIMARSE A LA MESA, NI APOYARSE EN ELLA para expresar adhesión. No mover los pies. Si la reunión se prolonga, utilizar determinados momentos de distensión para acomodarse en el asiento. El resto del tiempo, el cuerpo debe actuar SOLO PARA SERVIR A LA COMUNICACIÓN. No siendo así, descansará con las manos visibles y las piernas paralelas.

Acción en la despedida. La despedida es el colofón del encuentro. No debe ser precipitada, ni mucho menos consecuencia del impulso que suele responder a la primera señal del interlocutor; SIN PRISA Y SIN PAUSA. Al levantarse, coger la silla o sillón con una mano para expresar la «conciencia» del acto. Luego, dar la mano con actitud sonriente y determinada. VOLVER al control de los movimientos para desplazarse, SIN TROPIEZOS, mirando hacia la salida y hacia el camino a cubrir.

En entrevistas y consultas directas NO DEBE MIRARSE NUNCA EL RELOJ. El tiempo debe ser calculado en función del tema y del entrevistado.

b) Contenido persuasivo

El mensaje de la comunicación persuasiva conlleva que el interlocutor admita las ideas expuestas, dejando muchas veces a un lado las propias. Para que esto ocurra, Lacordaire nos da una sabia fórmula de aproximación: «No trato de convencer a mi adversario de que está en el error, sino de unirme a él en una verdad más alta»[1]. Esto significa manejar los temas de modo que no sean proclives a la formación de posturas antagónicas. Por supuesto que sin llegar a verter de continuo expresiones anodinas; por el contrario, empleando aquellas que siendo dirigidas hacia las metas propuestas NO EXCLUYAN DE FORMA TAJANTE «otras rutas» que **también podrían conducir al fin deseado.** Estas elaboraciones configuran una suerte de «mentalidad abierta», dispuesta para mirar sin reticencias todos los NUEVOS ÁNGULOS y perspectivas que pueden cobrar las cuestiones que se tratan, comenzando por el respeto que merece la intimidad ajena. De ahí que para muchas situaciones convenga evitar el análisis de la «personalidad» del «otro» y centrarse, sin elementos «distorsionantes», **en su conducta o en los hechos o problemas** que motivan la reunión y en los sentimientos que demuestra.

En la gestión del pensamiento cotidiano dice De Bono, son dos las reglas más importantes: 1, CADA PERSONA TIENE SIEMPRE RAZÓN; 2, NADIE TIENE RAZÓN. Estas proposiciones no son opuestas. Desde lo más profundo de su interior, nadie suele creer estar en un error. Las propias experiencias y conocimientos, los estados emotivos, influyen para que

---

[1] Jean GUITTON: *Aprender a vivir y a pensar*, Ed. Goncourt, Buenos Aires, pág. 90.

cada cual elabore sus conclusiones. Cuando se trata con
otras mentes, ESTO debe de tenerse en cuenta. Ahora bien,
como cada uno tiene siempre razón **dentro de su propio
punto de vista,** así también las verdades no pueden ser
tomadas como ABSOLUTAS, sino como referidas a un determinado contexto. Por tanto, si somos capaces de renunciar
al dogmatismo y a las ACTITUDES ARROGANTES —que suelen
mover a pensar que debemos IMPONER nuestras ideas a los
otros—, es posible que podamos llegar a una verdad más
alta, y que los demás se dispongan a comprenderla y aceptarla [2]. De no ser así, podemos caer en el terreno de la disputa, para la que tan bien cuadran las palabras de Oliver
Wendell Holmes sobre lo que llama la «paradoja hidrostática
de la controversia». Dice así: «Comunique usted dos vasos
por un tubo. Uno de ellos es de tamaño corriente, el otro
tan grande como el mar. Pues bien, el agua quedaría al
mismo nivel en ambos. Así ocurre con **la discusión: iguala
a los sabios con los tontos, y los tontos LO SABEN»** [3]. Digamos, por fin, que lo que cabe hacer para bien de las conversaciones con los demás es apelar al siguiente procedimiento: **primero,** buscar todos aquellos aspectos en los
que se pueda establecer un rápido acuerdo; **segundo,** descubrir el SENTIDO DE SU VOCABULARIO y encaminar los próximos pasos, apoyados en él. Por lo demás, tener siempre
dentro del objetivo UNA VERDAD MÁS ALTA.

---

[2] Edward DE BONO: *La práctica de pensar,* Ed. Kairós, 1.ª ed., Barcelona, 1973, pág. 206.

[3] HAYAKAWA: *El lenguaje en el pensamiento y en la acción,* Ed. Uthea,
primera edición en español, México, 1967, pág. 224.

c) Enunciación correcta de las palabras

Hay en la comunicación personal y directa una buena cantidad de factores que concurren a precisarla: los gestos y los ademanes. Estos la completan, le dan vida y calor, la delimitan, la hacen más clara y más significativa; pero no pueden, en todos los casos, reemplazar a las palabras. Por ello, cobra singular relieve **la pronunciación correcta y clara** de las mismas. El interlocutor, como el público, no deben dudar de lo que han escuchado para poder comprender bien. Cuántas comunicaciones fracasan al perderse determinadas palabras clave. Unas, porque quien las perdió fue por ellas a un vecino; otras, porque el esfuerzo de «captar» se ha llevado la paciencia de su destinatario.

¿Cuál es el origen de la mayoría de las dificultades de dicción? Creemos que proceden de malos hábitos acumulados desde la niñez o la juventud y que se afianzan posteriormente. Estos hábitos tienen como principal característica una PRONUNCIACIÓN NEGLIGENTE, abúlica. La gran mayoría resultan alentados por el medio ambiente y suelen mostrar variantes como estas: sonidos mortecinos de las últimas palabras de cada oración; consonantes que se «arrastran»; palabras que se modifican al «tragarse» una parte; términos y expresiones que se unen incorrectamente. No son pocos los que se originan en la costumbre de hablar «entre dientes». Estos suelen producir tensiones en las mandíbulas que trastornan el fluir regular de la saliva.

Los ejercicios siguientes estimulan una buena pronunciación y sirven para corregir buena parte de los males comentados y, básicamente, para los que tienen su origen en la pereza y el desánimo.

d) Miedos y nervios al actuar en público: identificación y supresión

De los miedos y nervios al actuar en público, lo primero que tenemos que decir es que el miedo, en todos los casos, surge por un hecho futuro. *No existe el miedo de presente.* Por ende se trata de un «falso mapa», promovido por la mente con ayuda de la imaginación. De otra parte, es necesario saber que, el cuerpo, no puede distinguir si lo que se le va a venir encima es un hecho real o el fruto de lo que el afectado o afectada imagine o haya imaginado. En tales casos, procede a reaccionar, impulsado por un estado de ansiedad que manda a los músculos la sangre destinada a los órganos y pone al titular en óptimas condiciones de *luchar* o de *huir*.

Cuando por influjo de la imaginación, las reacciones emocionales se traducen en un nerviosismo desestabilizador, desde uno o más días antes de actuar, el estado de alerta orgánico que conlleva, deja a la persona en manos de los miedos. Ya se trate del miedo al fracaso, al de «no dar la talla», al «qué dirán» o al tan frecuente «miedo al ridículo». Quien los sufra verá seriamente afectada su disposición a estudiar lo necesario o a preparar, con la debida atención, los contenidos de su mensaje, las mejores formas de participar en una reunión, de un examen oral o de la parte expositiva en público en una oposición.

Soluciones efectivas

A fin de resolver los problemas que los miedos y los nervios conllevan, van relatadas a continuación las ***más efectivas soluciones***:

1. Problema

En todos los casos, las emociones se promueven y disparan por *ideas* que subyacen en las intimidades del inconsciente. Estas *ideas* se nos han proporcionado por aquellas personas que pretenden para nosotros, un futuro prometedor y, en muchos casos, el mayor de los éxitos. Sus concejos suelen operar de la mano de ciertas admoniciones que nos ponen el listón muy alto y la vida se nos va intentando superarlo. Cuando se acerca la hora de hablar en público, a veces con más de un día de antelación, los miedos referidos más arriba, disparan las emociones disolventes que, con ayuda de la imaginación, dan por hecho el fracaso de la actuación de que se trate.

Solución

La salida frente a este tipo de problemas, consiste en recogernos para examinar cuál o cuáles son aquellas ideas o pensamientos que tenemos que *reemplazar* por otras o por otros que nos muevan a confiar en los buenos resultados que persigamos.

2. Problema

Los hemisferios cerebrales, hablan. Unas veces lo hacen espontáneamente, otras con nuestra directa intervención. Lo que hay que saber es que si habla uno, no puede hablar el otro. De modo que en ningún caso pueden hablar los dos a la vez. Esta particular disposición cerebral opera, respecto del hemisferio derecho, con todos los temas que tengan relación con los sentimientos en general.

146 TODOS PUEDEN HABLAR BIEN EN PÚBLICO

Tanto los que se gestan por situaciones felices como los que nos afligen por las desgraciadas. No es del caso aludir aquí a las felices, sino a las desagradables, traumáticas y desestabilizadoras. Éstas suelen alimentar todo tipo de preocupaciones que se concretan en darles vueltas dolientes a las cosas, convirtiendo en víctimas a los sujetos; llenándoles de dudas acerca de los resultados de lo que tienen que afrontar para conseguir lo que se proponen.

Solución

En todos estos casos para suprimir la preocupación hay que activar el hemisferio izquierdo del cerebro (el «racional»), prestando atención a cuestiones observables de la conducta deseable durante la actuación. Ejemplo: «¿mi postura es erguida pero distendida o estoy tenso y tirado sobre la mesa?». «¿Mantengo los pies en paralelo y cuido de que mis manos no invadan la mesa cuando no tienen que intervenir?» Con estos recursos y tantos otros posibles de carácter estrictamente *racional* eliminamos los nervios que promueven los pensamientos desestabilizadores.

Si en alguna ocasión las preocupaciones se fueran haciendo obsesivas, una buena salida será la de activar el hemisferio izquierdo del cerebro poniéndole a realizar una cuenta regresiva del número 90 al número 1. Desde el mismo momento de comenzar se advertirá que las ideas obsesivas desaparecen, dado que *los hemisferios cerebrales no pueden hablar al mismo tiempo*. Si interviene uno se calla el otro, como lo hemos dejado expresado más arriba.

Finalmente digamos que, a la hora de actuar, hay que hacerlo con el interés de dar, de servir, de ser útiles a unos objetivos buenos y elevados para los receptores del mensaje o para la causa a la que tienen que favorecer.

> Los que *dan* no tiemblan. Tiemblan los mendicantes de aprobación.

EJERCICIOS

1. Lea una página de un libro sin emitir ningún sonido. Al hacerlo, fuerce los movimientos faciales, en particular los labios, lengua y mandíbula. Actúe como si declamara en ALTA VOZ. Practique con la lectura de diversos textos durante CINCO MINUTOS por día.

2. Lea media página de un libro con los dientes apretados. Articule las palabras forzando la lengua, los labios y las mejillas. Fuerce la pronunciación de forma que las palabras surjan lo más claras y naturales que sea posible. Practique cada día CINCO MINUTOS el ejercicio, conversando con personas de su confianza. En su defecto, aumente el volumen de lectura a DOS O TRES páginas por día. NO EXCEDA ESTOS TIEMPOS DE EJERCITACIÓN.

3. Lea un texto destacando las consonantes como si fueran TRIPLES. Separe las sílabas, pero no dilate los sonidos de las vocales. Fuerce únicamente la sonoridad de las consonantes. Practique por espacio de TRES MINUTOS diarios.

4. Lea de viva voz una página de un libro, pronunciando las palabras con absoluta claridad. Al hacerlo, mueva los músculos faciales, destacando los movimientos de las cejas y de los labios. Procure dar a la lectura ritmo y énfasis teatral. Emita la voz cargada de aire cuando tenga que pronunciar notas bajas. Practique cada día durante DIEZ MINUTOS.

5. Ante un espejo trate de levantar el labio superior SIN mover la nariz. Descubra sus dientes superiores forzando lo que podría resultar una amplia sonrisa. Realice diversos movimientos o muecas con el labio superior, moviendo muy poco la nariz. Practique todos los días DOS MINUTOS, hasta que el labio superior consiga estar ágil y distendido.

Vigile permanentemente su modo de hablar. Enuncie siempre las palabras, esforzándose por darles absoluta claridad. Abandone los ejercicios anteriores una vez que le hayan facilitado una clara articulación.

3. SABER ESCUCHAR

Hay muchas personas que afean su personalidad por no saber escuchar. Su actitud corriente suele ser la de quien tiene siempre algo que decir, se trate de lo que se trate. Cuando no intervienen en la conversación, piensan en lo que dirán cuando puedan «meter baza». En otros casos a todo lo dicho suman los esfuerzos permanentes por participar en la conversación cueste lo que cueste. Si se ven obligados a escuchar [4] cuanto se les diga, servirá para que «alcen el vuelo» en alas de sus meditaciones. Son los elegidos que solo se «quedan» cuando les va en algo lo que se dice. De no ser así, «ganan tiempo», con oportunos «viajes» mentales. Después de todo, «¿para qué perderlo escuchando a los demás?» Otros miran, tratando de demostrar atención. Se disponen de buen grado para manifestar «SU aprobación» por todo lo que se diga en su presencia. No les cuesta trabajo prodigarse en continuos movimientos de cabeza, hacia arriba y hacia abajo. Consideran que la mejor forma de «participar» es asintiendo. Por supuesto, que no se les pregunte nada de lo que puedan haber «entendido». Están «preservados» por el aislamiento mental que se han impuesto y cuyo precio es tomarse la molestia de decir a TODO que sí con sus rítmicos movimientos de cabeza.

Saber escuchar no es fácil; pero es el modo más delicado de MANIFESTAR el debido respeto por las ideas de los demás. Es por esto que se corresponde con los estados de ATENCIÓN que permiten al mensaje llegar en óptimas condiciones de ser interpretado.

El estado ideal de receptividad se logra por el concurso de factores físicos e intelectuales. **Físicos,** como la total IN-MOVILIDAD; como la mirada prudentemente dirigida, sin dureza, con afecto. **Intelectuales,** como la SANA CURIOSIDAD por el tema, la disposición benevolente para con el estilo y la forma en que se viene desarrollando; como la voluntad

---

[4] Escuchar y saber escuchar son empleados aquí en el sentido de ATENCIÓN AUDITIVA «CONSCIENTE», ACTIVA Y SUFICIENTEMENTE CLARA.

encaminada hacia la comprensión, con ánimo despojado de todo afán contencioso.

Los prejuicios que se suelen ejercer en muchas ocasiones llevan a tergiversar hasta tales extremos el mensaje, que hasta se cambia lo que dice el autor por lo que se piensa que tendría que decir. Las voces interiores del que tiene que escuchar le enlazan, le encierran en sus propias trampas, llevándole a una suerte de soledad y de aislamiento.

El que escucha tiene que QUERER COMPRENDER; tiene que ACEPTAR COMPRENDER; tiene que renunciar a sus propios sistemas de referencia para interpretar lo que se le dice. Su atención debe estar dirigida en pos del mensaje que tiene que conocer. Así cuidará de registrar aquellos aspectos que merecen aclaración, para volver oportunamente sobre ellos, formulando las preguntas que le sirvan para captar mejor lo que se le dice. El pensamiento y la observación serán los dos elementos de base para comprender lo que se quiere decir.

4. VICIOS DE LA COMUNICACIÓN ORAL PERSONAL

Al analizar las actitudes propicias en la entrevista y en la comunicación directa, dejamos establecidas unas cuantas premisas fundamentales. Contrariarlas, o simplemente adolecer de ellas, sería caer en el conjunto de factores que deterioran la comunicación oral-personal. Ahora intentaremos profundizar con detalle en tres vicios que se manifiestan con las más diversas variantes y que deben ser claramente reconocidos.

a) Afán de aprobación

Es la tendencia natural por demostrar la valía. Dar a los demás una imagen elevada de las propias cualidades; por tanto, de hacerles partícipes de las propias opiniones y de los propios juicios. Opiniones y juicios que siempre se consideran superiores a los de «otros». Con tal motivo, incluso se suelen presentar con aires arrogantes y hasta descomedidos.

Este vicio se financia con una vanidosa medida de las propias cualidades. Por esta razón, cuando se exponen determinados pensamientos, se los da por definitivos y se los siente respaldados con el «prestigio personal». Esto hace que cuando se presenten argumentos que los contrarían se reaccione con el efecto del «prestigio lesionado», y por ende, con cierta frenética impulsividad que puede llegar a la violencia. No serán las ideas o los pensamientos los que puedan ser contrariados, sino la vanidad del que los expone.

El aspecto más negativo del afán de aprobación tiene que ver con el desarrollo de criterios que conducen a «mentalidades estrechas»; lo que es lo mismo que vulnerables a los juicios y a las palabras; poseedoras de una susceptibilidad excesiva que les hace sentirse insultadas y ofendidas por cuestiones muchas veces inocentes y baladíes. En el extremo de tales actitudes aguardan las «certezas incontrovertibles».

Los esquemas de las actitudes dilemáticas conducen a negar los hechos o a rechazar totalmente el principio expuesto, haciendo caer a quien los sostiene en conclusiones lamentables. Son los casos que se manifiestan con expresiones como estas: «No volveré a confiar en ninguna mujer»..., «en ningún médico»..., «en ningún político»..., «en ningún abogado»...

b) Inestabilidad verbal

Es un estado que conduce a discurrir con un exceso de animación. Se sienten estímulos permanentes que mueven a conversar todo el tiempo sobre cualquier cosa. En consecuencia, lleva a formular comentarios y apreciaciones superficiales acerca de hechos y personas que, en el fondo, comienzan por una simple pérdida de tiempo. A la larga puede producir males mayores, como caer en una lamentable verborrea.

Este perorar rutinario se alimenta con el trasiego de informaciones originadas en el propio llevar y traer; en síntesis, con el producto de las hablillas que conducen al hábito universal de «hablar demasiado». Se trata claramente de una actitud que terminará antes o después en charlatanería. Esta actitud no puede calificarse de «ignorante», puesto que la ignorancia genuina no adopta actitudes. En verdad, que se trata de un falso conocimiento, que produce la formulación de juicios tan definitivos como equivocados. Que puede llegar —y tantas veces lo ha hecho— al amor a la mentira, a la predilección por la doblez, al gusto por los sofismas y por la fraseología de las maldades espirituales.

Cuanto decimos puede parecer exagerado, pero es la simiente que contribuye a forjar uno de los más graves problemas que azotan a la sociedad moderna. En muchas ocasiones son responsables de las deformaciones espirituales que terminan con el reino del amor y de la convivencia. Sociedades enteras se corrompen con su aliento, que conlleva la maledicencia, la calumnia, la denigración por la palabra.

Así de lamentable la crisis llega por el descuido, por la impropia tolerancia verbal. En el orden individual el mal se traduce en un dispendio de fuerza psíquica. Por ello, nos permitimos sugerir que, cuando se tenga que hablar, medie la suficiente **preparación.** Que las expresiones resulten ME-DIDAS, que no sean los impulsos los que gobiernen el uso de la palabra, sino los procesos reflexivos ensayados con los debidos cuidados. Este modo de hacer ha de servir para formar buenos hábitos en el uso del lenguaje, revertirá no pocas satisfacciones y evitará más de un disgusto.

c) Efusividad comunicativa

Este es un mal menor, considerado desde el punto de vista de los intereses de la sociedad. Consiste en un irresistible deseo de contar los propios problemas, más o menos «deformados», al primero que se presente. En una palabra, hablar de sí mismo; o, lo que suele ser igual, **estropearle la reunión al prójimo.**

Este tipo de «aperturas» dejan notar una falta de madurez que se confunde con una pobre salud mental. La mayoría de la gente, cuando se lanza al terreno de las confidencias, se las compone para ocultar a los demás sus razones «profundas» y apela a «racionalizaciones» más o menos elaboradas y «divulgables». En consecuencia, el mal es ínfimo si no se valora el que se puede provocar arruinando la comunicación. Además, a fuerza de presentar imágenes «transmisibles» de los propios problemas e intimidades, se cae en el equívoco de confundirlos con la realidad. Se puede así desarrollar una crisis de valoración capaz de hacer imposible el más elemental conocimiento de sí mismo, y dejar así expedita la vía de las valoraciones equivocadas a la hora de juzgar la conducta de nuestros semejantes. En suma, tal proceder es un dispendio de energías necesarias que debilitan mental y espiritualmente al hombre. Para no pocos casos puede determinarse la necesidad de recurrir a los servicios de un profesional, que ayude a poner en condiciones los propios sistemas de valoración.

✳   ✳   ✳

En la entrevista caer en las confidencias o pasar al relato de cuestiones personales descubre cierta **fragilidad en la reserva.** Puede muchas veces conducir a lamentables impresiones.

Para combatir este mal y sus consecuencias, nos permitimos sugerir el cultivo de la buena conversación, que es algo que no debe incluirse entre las cuestiones a improvisar. Para conversar bien es menester prepararse a conciencia durante un tiempo. Adoptar poco a poco la costumbre de **interesarse sinceramente por los demás.** Tener disponibles temas generales que contribuyan a ilustrar convenientemente acerca del orden social o cultural. Hechar mano de formas agradables y oportunas para salvar los «silencios» o para comenzar a hablar. En otro sentido, lo más práctico será el silencio. Escuchar cuanto se diga, sin emitir opinión, sino cuando sea obligado hablar. Esta forma de conducirse no debe ser confundida con una costumbre insociable, que de ningún modo alentaríamos. Se trata de prevenir el dispendio de fuerzas y la consecución de males que llevan implícitas muchas actividades inútiles.

Estas formas de condicionar el uso de la palabra darán buenos frutos de IMPASIBILIDAD, de serenidad y de equilibrio en el uso del lenguaje. En las más graves provocaciones, cuando la irritación y el enervamiento hacen presa de los hombres más fuertes, se podrá conservar la CALMA; tener la «sangre fría» necesaria para salir adelante. A este control puede sumarse la inhibición de los gestos y actitudes fisignómicas que suelen acompañar a ciertas exclamaciones. Cuidando de actuar con gran empeño, los resultados serán muy alentadores a corto plazo.

5. DISTENSIÓN MENTAL

La distensión mental es un imperativo de la vida moderna, un recurso para paliar la sobrecarga de irritabilidad a que contribuyen inconscientemente los ruidos y otros elementos excitantes. Los ejercicios siguientes son simples y fáciles de practicar a cualquier hora, y serán un valioso complemento para progresar en el dominio de la más conveniente COORDINACIÓN FÍSICA.

EJERCICIOS

1. De vez en cuando ponga a prueba su independencia. Suspenda su trabajo y dedique unos minutos a pasear en SOLITARIO. Puede sentarse en una terraza y tomarse, si lo desea, un té o un café, o simplemente sentarse en un banco del parque, o quizá caminar por una calle no muy concurrida. Lo importante será que se trate de un lugar NO HABITUAL, donde no puedan importunarle. Desde allí, observe a la gente que pasa. Tenga en cuenta las peculiaridades de su vestimenta. Por el aspecto general trate de descubrir su profesión o actividad.

Agudice sus observaciones, analice TODOS LOS DE-
TALLES. Color de sus cabellos, gestos, ademanes,
tipo y condiciones de su calzado. **Pasada media
hora,** incorpórese a su actividad corriente como
si nada hubiera sucedido. Prosiga trabajando normalmente. Vuelva a sus preocupaciones habituales. DURANTE EL EJERCICIO siéntase como un ser de
otro planeta. Atento. Con la más sana curiosidad,
sin que ningún pensamiento de su vida interfiera
las observaciones que trata de concretar.

2. Siéntese en un sillón confortable y cierre los ojos.
Distienda bien los músculos, atendiendo sucesivamente a los pies, que, paralelos, deben estar apoyados francamente en el suelo; a las piernas, mus-
los, torso y cuello. Seguidamente a los brazos y a las
manos. Por último, a la cabeza, parte superior y
media del rostro. Finalice su atención distendiendo
la barbilla, los labios, y, por último, la lengua.

   Una vez comprobado que reposa con TODO
su peso, imagine seguir viendo el contorno de su
cuerpo. Exprese al mismo tiempo el deseo de
«concentrarse en sí mismo»; de romper todo contacto con el mundo exterior. Diga por ejemplo:
«Voy a concentrarme»... «Me aíslo del mundo exterior»... «Siento una feliz quietud»... «Vivo la independencia de la soledad y de la calma».

   Sostenga estos propósitos de distensión y de
aislamiento durante TRES MINUTOS. No tardará en
experimentar un agradable entorpecimiento, acompañado de un frescor que recorrerá sus músculos
y de una sensación de reposo perfecto.

Conseguido lo que antecede, dirija la atención hacia los pensamientos —que acuden a su cerebro cada vez menos tumultuosamente—, procurando NO DEJARSE ARRASTRAR POR NINGUNO. Ocurrirá entonces que las ideas parecerán desfilarle por delante; pero resultando ser apenas percibidas. Prontamente, al cabo de cortos periodos de ensayo (cuatro o cinco minutos), se producirá una profunda vacuidad mental. Finalmente llegará el momento en que ya no piense nada en absoluto.

El estado final resultará deliciosamente lánguido, mientras conserva la conciencia de que puede hacerlo cesar a voluntad. Este ejercicio debe practicarse siempre que se realice un exceso de actividad o se advierta un fuerte cansancio mental. Conviene prestar especial ATENCIÓN A TODOS LOS PASOS, y no proceder mecánicamente. Efectuarlo sin necesidad y con relativa frecuencia puede llevar a una baja del tono muscular indispensable para desarrollar con la máxima eficacia una vida de acción. Lo recomendamos especialmente para quienes tienen que vivir en los grandes centros urbanos y para todos los que sufran tensiones que alteren el necesario equilibrio físico y mental.

Tiempo total del ejercicio: 5 a 10 minutos cada vez.

3. Cierre los ojos y coloque a la altura de los globos oculares las palmas de las manos «ahuecadas», sin hacer presión, apoyadas sobre los huesos malares. Mientras permanece en esta posición, rememore una imagen agradable y «en desplazamiento» (de forma que los ojos se muevan dentro de sus órbitas). Tras 1 o 2 minutos podrá notar la sensación, sin «interferencias», de una intensa y apacible negritud. Permanezca «recorriéndola» durante 3 o 4 minutos más. Esta particular «oscuridad» contribuye a distender y descansar los ojos, consiguiendo saludables efectos sobre la vista y sobre la mente. Los codos pueden apoyarse sobre una superficie blanda mientras se permanece SENTADO; postura esta que tiene que mantenerse durante TODO el tiempo del ejercicio. Realice esta práctica TODOS LOS DÍAS, y DOS veces por día si usa gafas para ver mejor.

Al hablar, evite que su cuerpo le contradiga.

RESUMEN

Exigencias de la comunicación oral-personal

PAZ, SEGURIDAD, CONTROL

Paz, seguridad y control de sí mismo son factores determinantes del éxito en la comunicación oral-personal.

Paz es AMOR. Elemento simple que debe inundar las relaciones con los semejantes. Seguridad es la disposición de aceptar con corazón leal y contento los grandes y pequeños contratiempos. Control es la flexibilidad prudente que mueve a comprender con lucidez; un aumento de CONCIENCIA. De ahí que estos tres valores, convenientemente reunidos en la actitud del que se «da», consigan la «apertura» del otro, disponiendo el camino de la comunicación efectiva.

ACTITUDES PROPICIAS EN LA ENTREVISTA Y EN LA COMUNICACIÓN DIRECTA

a) **Lenguaje corporal.** El cuerpo tiene su propio lenguaje. Se manifiesta por «mensajes» que unas veces coinciden con las palabras, y otras, lamentablemente, las contradicen.

¿Cómo nos ven los demás? Preguntas como esta pueden ayudar a sacar el mayor partido de las reales posibilidades de comunicación. A tal fin cabe considerar las posturas corporales que se adoptan corrientemente, los ademanes, la forma de vestir, el arreglo personal, el modo de mirar, la manera de despedirse, etc.

b) **Contenido persuasivo.** Implica manejar los temas de modo que la comunicación no sea proclive a la formación de posturas antagónicas. Desde lo más profundo de su interior, nadie suele creer estar en un error. Esto es bueno tenerlo en cuenta cuando se trata de otras mentes, a fin de no caer en las trampas de la discusión. Por tanto, cabe perseguir los aspectos en los que puede llegarse a un rápido acuerdo. Luego, descubrir el auténtico sentido del vocabulario ajeno y encaminar los próximos pasos guiados por él. En cuanto a todo lo demás tener siempre delante una verdad más alta para salvar los conflictos.

c) **Enunciación correcta de las palabras.** Tanto al interlocutor como al público, hay que procurar «llegarle», con absoluta claridad. Esto no solo respecto de los contenidos, sino de la pronunciación correcta y audible de las palabras que se utilizan.

Muchas de las dificultades de dicción tienen su origen en la niñez; pero en general responden a malos hábitos cuya principal razón debe buscarse en la pereza.

d) **Miedos y nervios al actuar en público: identificación y supresión.** Los miedos corresponden a hechos futuros. No existen los de presente. En su mayoría conforman «falsos mapas» que promueve la mente con ayuda de la imaginación. A su vez, el cuerpo no puede distinguir entre un hecho real o imaginado. O sea que, para él, todo es real y se prepara para la lucha o huida detrayendo sangre de los órganos para mandarla a los músculos.

Por influjo de la imaginación, las reacciones emocionales se traducen en un nerviosismo desestabilizador. El estado de alerta orgánico que se genera, deja a la persona en manos de los miedos que desencadenan la ansiedad; con graves daños para la salud física y mental.

Soluciones efectivas

1. PROBLEMA

Las emociones se disparan por ideas que subyacen en el inconsciente. Suelen proceder de ciertas admoniciones de diversas fuentes que nos han llevado a poner el listón muy alto en cuanto acometemos y la vida se nos va intentando superarlo. Cuando se aproxima la hora de hablar en público, los miedos disparan las emociones disolventes que anticipan el fracaso de la actuación.

SOLUCIÓN

La salida consiste en comprobar qué ideas o pensamientos tenemos que reemplazar por otras que favorezcan la confianza en los buenos resultados esperados.

2. PROBLEMA

Los hemisferios cerebrales hablan, pero no pueden hablar los dos a la vez. Cuando se trata de pensamientos negativos se verbalizan desde el hemisferio derecho del cerebro; ya sea alentando diversas preocupaciones o convirtiendo en víctima a su titular.

SOLUCIÓN

En todos estos casos cabe ir sobre el hemisferio izquierdo (racional) prestando atención a cuestiones observables de la conducta. Por ejemplo: ¿Mantengo los pies paralelos y el cuerpo erguido sin abandonarme a descansos como los de aflojar una pierna o agobiarme de alguna manera? Sentado a una mesa: ¿Dejo que mis manos la invadan para descargar peso del torso sobre la misma? Con este tipo de salidas, los nervios se evaporan en el acto.

Es oportuno recordar aquí que para licuar preocupaciones o ideas que se vayan haciendo obsesivas, la mejor salida es apelar a realizar una cuenta regresiva del número 99 al número 1. La tensión y tales ideas comenzarán a desaparecer a poco de comenzar.

Por último tener presente que a la hora de actuar, cabe hacerlo con la consciencia y el mejor interés de dar, de servir a los demás o a nuestros buenos proyectos, de ser útiles a la causa que sea, porque:

> Los que dan no tiemblan, solo le sucede a los mendigos de aprobación.

SABER ESCUCHAR

Saber escuchar no es fácil, pero es el modo más delicado de MANIFESTAR el debido respeto por las ideas de los demás. La buena receptividad del mensaje se nutre con los estados de atención que permiten se capte en óptimas condiciones.

Esta receptividad se logra con el concurso de factores físicos e intelectuales del que QUIERE y ACEPTA COMPRENDER.

VICIOS DE LA COMUNICACIÓN ORAL-PERSONAL

a) **Afán de aprobación.** Es la tendencia natural por demostrar la valía. Conduce a hacer partícipes a los demás de las propias opiniones y de los propios juicios que, por supuesto, se consideran superiores a los de «otros». Se alimenta este vicio con una vanidosa medida de las propias cualidades a las que se compromete el «prestigio» personal. De ahí las frenéticas respuestas con que se reacciona cuando se siente «lesionado» el propio prestigio.

b) **Inestabilidad verbal.** Es un estado que conduce a discurrir con un exceso de animación. Se sienten estímulos que mueven a conversar «todo el tiempo» de cualquier cosa. Este perorar rutinario se llena de hablillas proclives al hábito universal de hablar «demasiado». Tal actitud no puede calificarse de «ignorante», puesto que la ignorancia genuina no adopta actitudes. En verdad se trata de un falso conocimiento que genera la formulación de juicios tan definitivos como equivocados.

c) **Efusividad comunicativa.** Considerada desde los intereses de la comunidad, configura un mal menor. Consiste en el irresistible deseo de contar los propios problemas, más o menos deformados, al primero que se presente. En la entrevista, caer en las confidencias o pasar al relato de cuestiones personales, descubre cierta fragilidad en la reserva. Puede conducir en no pocos casos a lamentables impresiones.

DISTENSIÓN MENTAL

Se trata de un recurso necesario para paliar la sobrecarga de irritabilidad a que compelen, inconscientemente, los ruidos y otros elementos excitantes de las grandes concentraciones urbanas. Su práctica concurre a favorecer la COORDINACIÓN FÍ-SICA y progresar por esta vía en el propio control.

TABLA DE EJERCICIOS

ENUNCIACIÓN CORRECTA DE LAS PALABRAS

Ejercicio 1. Debe acometerse de forma correlativa con los ejercicios números 2 y 4.
Tiempo: 5 minutos por día.

Ejercicio 2. Puede utilizarse aisladamente durante breves minutos en diversos momentos del día.
Tiempo: 5 minutos por día, si se integra con los ejercicios 1 y 4.

Ejercicio 3. Utilícese toda vez que se pretenda estimular la pronunciación de las consonantes.
Tiempo: 3 minutos por día.

Ejercicio 4. Practíquese como colofón regular de los ejercicios 1 y 2 y cuando se pretenda ganar soltura con la lectura de textos en voz alta.
Tiempo: 10 minutos por día.

Ejercicio 5. Debe constituir una buena costumbre para ganar una más amplia sonrisa.
Tiempo: 2 minutos por día.

Los ejercicios 1, 2 y 3 son útiles para potenciar la buena pronunciación. Abandónense una vez conseguidos los resultados apetecidos. Recúrrase a ellos de cuando en cuando para «estar en forma».

DISTENSIÓN MENTAL

Ejercicio 1. Cabe realizarlo por intervalos regulares siempre que se estime necesario.
Tiempo: 30 minutos cada vez.

Ejercicio 2. Debe practicarse cuando se advierten síntomas de tensión o se vivan situaciones difíciles que violenten el ánimo.
Tiempo: 5 a 10 minutos cada vez.

Ejercicio 3. Es especialmente recomendado para quienes usan gafas y muy relajante y bueno para TODOS.
Tiempo: 3 a 5 minutos cada vez. Caso de uso de gafas, se impone su práctica dos veces por día; al final de la mañana y en las últimas horas de la tarde.

Las prácticas de distensión deben constituir una buena costumbre, no solo un recurso efectivo para potenciar la expresión oral.

Prácticas de expresión oral-corporal y coordinación física

ESCALÓN IV

1. Acción vibrante y natural al hablar sentados a una mesa

   a) *Soltura de los ademanes. Movilidad óptima de los brazos y de las manos*

   b) *Influencia de los útiles en uso sobre el orador. Precauciones indispensables*

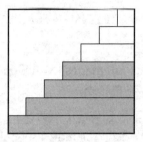

SE SEÑALÓ ANTERIORMENTE que para la correcta expresión oral-corporal se hacía necesaria la participación de «TODO EL CUERPO». También se aludió a la necesidad de evitar, en la medida de lo posible, todo elemento que constituya un obstáculo tendente a limitar la imagen física. Una mesa, un atril, una barandilla y, en definitiva, todo lo que pueda contribuir a ocultar parcialmente el cuerpo del que habla.

Los medios negativos aludidos no solo se limitan al empobrecimiento de la imagen por ocultación parcial, sino que son como una trampa que precipita los fallos y resta valor a los esfuerzos que se prodigan siempre que se habla utilizándolos en público y en privado. Son una constante y sutil tentación que conduce al «descanso», a la «dependencia», a la subordinación del hombre a la cosa. Con ellos, no hay posibilidad de hablar valiéndose de la totalidad de los recursos expresivos. Los brazos, las manos, se pegan, literalmente, a su «complaciente atractivo» y las mediocridades se suceden.

Veamos, por esto, las fórmulas propicias para superarlos.

1. Acción vibrante y natural al hablar sentados a una mesa

a) Soltura de los ademanes. Movilidad óptima de los brazos y de las manos

Realice completa la práctica *a)* del ESCALÓN III. Ahora (desde que ha quedado mirando a su «público») sonría con suavidad y bondadosamente. Míreles o imagine verles con simpatía y afecto. Pasee su mirada por amplios sectores durante unos DIEZ segundos. Luego HABLE por espacio de CUATRO MINUTOS.

Recuerde sostener su cuerpo erguido, distendido. MUEVA SUS MANOS, pero al hacerlo DESPEGUE SU ANTEBRAZO DE LA MESA.

Al mover las manos, no las levante hacia el cielo. Imprímales movimientos elípticos y suaves que sean necesarios **para marcar el énfasis de lo que diga.** Para hablar, NO mueva las manos todo el tiempo como un director de orquesta, no trate de «describir» con ellas TODOS los objetos o situaciones. Hágalo solo para marcar y acentuar aquello que tiene que ir destacado; NADA MÁS. El resto del tiempo mantenga las manos laxas en reposo sobre la mesa, pero SIN CARGAR SOBRE ELLAS, NI SOBRE LOS BRAZOS O ANTEBRAZOS, EL PESO DE SU CUERPO. Tenga en cuenta que la mesa no está allí para que descanse; que es enemiga de su imagen, que debe sustraerse de sus influencias negativas.

Mientras cumple con esta práctica, no le preocupe la perfección, gracia o armonía de sus ademanes. Eso vendrá después, con la soltura que poco a poco le irán dando las prácticas correctamente realizadas. Cuide en todo mo-

mento de «regresar» a la postura «de base» (postura «inte-lectual»).

Recuerde que gracias al EQUILIBRIO TOTAL DEL CUERPO (logrado con ayuda de la postura «de base») podrá llegar a mover las manos con soltura natural y a potenciar su ex-presión general.

No levante en ningún caso las manos por encima de la cabeza. Esto, que antiguamente prohibía la Retórica, HOY lo prohíbe la buena imagen TELEVISADA. La nueva oratoria debe de tenerlo muy en cuenta.

Si tiene las manos juntas, evite formar con ellas figuras de cualquier tipo y de cubrir parcialmente la vista de su cuerpo. Al terminar, complete esta práctica prosiguiendo según se ha indicado en la **práctica *c)* del** ESCALÓN III.

Realice esta práctica hasta que CONTROLE correctamente los desplazamientos de sus manos, de manera conjunta y alternada, en consonancia con las indicaciones apuntadas.

b) Influencia de los útiles en uso sobre el orador. Precauciones indispensables

Disponga sobre la mesita, donde realizará las prácticas, varios folios y un bolígrafo. Luego actúe tal como se ha indicado para la **práctica *a)* completa de** este ESCALÓN IV. Hable durante CUATRO MINUTOS o más. Al hacerlo, NO JUEGUE con el BOLÍGRAFO, NI TOQUE EL PAPEL. La tendencia corriente, que deberá reprimir, es pretender «ordenar» las hojas o «retocar» su posición alineándolas de alguna manera. En cuanto al bolígrafo, tenderá a jugar con él. Tal vez sienta la tentación de hacer algunos trazos o figuras sobre el papel. NADA DE ESTO. IGNÓRELOS. No quiero significarle que no «toque» el papel, pero si lo hace, será porque posa sobre él sus manos y nada más. En cuanto al bolígrafo, asígnele un lugar APARTADO Y NO LO TOQUE por ningún motivo mientras habla; salvo para tomar notas o datos exigidos por la propia intervención. Solo en este supuesto, podrá emplearlo para luego dejarlo en su sitio.

Realice esta práctica de CONTROL y COORDINACIÓN siempre que pueda en su lugar de trabajo o de estudio. Limítese a tener las manos sobre la mesa.

Cuide la postura «intelectual». No juegue con nada mientras habla o escucha. Válgase de los medios y elementos en uso, nada más que para los fines específicos de su creación. Entretanto, que sus manos descansen relajadas o respondan a los estímulos del énfasis propicio.

Distienda la parte del cuerpo que no tenga que participar en el énfasis de lo que dice. Este «silencio» del cuerpo es también expresión oral-corporal activa.

5

Bases psicológicas de la persuasión

1. El atractivo personal
2. Afectividad, cortesía, discreción
3. La acción «no persona»
4. Técnica de la improvisación: Posibilidades y aplicaciones
5. Breve charla: Esquemas para diversas situaciones

1. EL ATRACTIVO PERSONAL

EL ATRACTIVO PERSONAL es casi la llave del éxito. No aludimos al arte de vestir con elegancia y buen gusto, sino a la suerte de «halo» espiritual que irradian ciertos seres humanos. Y tenemos que decir, obligadamente, «humanos», porque solo el hombre, disponiendo de voluntad y de criterio, puede ser capaz de **INTERESARSE auténticamente por los demás.**

En ese **interés** reside no solo el verdadero atractivo, sino toda una filosofía de la vida que conduce a la felicidad. Es aquella que gozan los que han aprendido a proporcionar placer a cuantos les rodean. Los que han descubierto por ese camino la mejor forma de cooperar.

La cooperación exige consecuencia. No debe ser esporádica. Tiene que constituir un «estilo de vida», y como tal, requiere su tiempo; un periodo de adaptación. Otro, previo, para juzgar con serenidad cuál podría ser el mejor modo de hacerlo.

Cualquier comunidad brinda hoy en día numerosas oportunidades de ser útil. Habría que escoger aquellas que puedan sacar el mejor partido de las cualidades personales. Así podrá sostenerse, sin desmayos, un interés que vendría siendo renovado por el gusto de trabajar en lo que pudieran rendir más las naturales inclinaciones.

Otra forma muy efectiva de multiplicar el atractivo personal es **conseguir deleitarse positivamente** con el contacto de las personas. A tal fin el auxiliar más efectivo es el de la «técnica del bistec», que consiste en mantener en la mente, durante los primeros momentos del encuentro, la imagen de un delicioso FILETE o de un exquisito plato preferido. Esto, por supuesto, sin dejar de prestar atención a los detalles propios de la comunicación. Esta artificiosa y «gastronómica» forma de multiplicar el atractivo tiene su origen en las reacciones espirituales felices y en las consecuencias fisiológicas que produce, tanto que llega a ser lo suficientemente poderoso como para determinar una subyugante imagen física.

Sería mejor —y por supuesto es la más auténtica forma de conseguir buenos resultados— propender a INTERESARSE SINCERAMENTE. Recrearse, con gusto, en las buenas cualidades que adornan la personalidad de aquellos con quienes se entabla relación. Dejar de lado todo lo que pueda ser negativo a primera vista. **Entregarse a la admiración** de sus atributos cualificados, tal como si se tratara de un maravilloso descubrimiento. La tarea no es fácil; pero los resultados son tan sorprendentes que dan el entusiasmo necesario para convertirla en la «rutina» más agradable.

2. AFECTIVIDAD, CORTESÍA, DISCRECIÓN

La comunicación tiene que conseguir que otros COLABOREN, de un modo o de otro, con los propósitos del que habla. Puede que tal colaboración, en muchos casos, quede limitada al deseo de ser informados; no obstante, la mayor parte de las veces perseguirá algo más. Es entonces cuando, para «penetrar», necesita del apoyo de ciertos auxilios. Quizá el más importante sea el de «caer bien»; es decir: SER ACEPTADOS. Para eso no basta el atractivo personal. Hay que darle cierto «punto» enriqueciéndolo con ayuda de la cortesía y la discreción.

De lo dicho se desprende que hay que intentar la comunicación, cuidando de NO INVADIR LA INTIMIDAD AJENA. Sin querer imponer a toda costa la atención para con el propio interés NO SOLICITADO. No se trata de hablar poco o mucho, sino de limitar las cuestiones personales con el fin de no provocar el desagrado del interlocutor. No abrumarle con aquello que solo le valga para conseguir cierta preocupación y algún motivo de condolencia. Por el contrario, ganarle con todo lo que pueda servir para formar pensamientos estimulantes y positivos, buenos augurios, fe en la vida y en el porvenir.

* * *

«Flor de las costumbres pacíficas», según la inigualable definición de Unamuno, la cortesía es una especie de ALEGRÍA SIEMPRE RENOVADA. Una voluntad dispuesta para resultar agradable. Una simpatía del espíritu que se transmite con las ideas, con los objetivos que se abrazan por los seres y las empresas que se representan. En fin, por todo lo bueno que se tiene y que se da con generosidad, para concretar una forma de «SERVIR A LOS DEMÁS». Porque, como dice Leclerc, «la grandeza del hombre está proporcionada por su amor». «Su medida es la de las cosas en que se transforma, al unirse a ellas»[1].

---

[1] Jacques LECLERC: *Diálogo del hombre y de Dios,* Ed. Desclée de Brouwer, Buenos Aires, 1944, pág. 141.

Esta cualidad de «mimetización sobrenatural» se desarrolla en la medida en que se elevan los OBJETIVOS. Está dada para servir al carácter fundamental de la acción humana, para que con el entusiasmo vital de la conquista pueda olvidarse la pena del cambio. Porque para unirse a los otros, hay que darse. Y este «desgarramiento es una especie de dolor». «Cada progreso... debe pagarse; tanto de unión, tanto de sufrimiento» [2].

Aceptando esta pena de la «diferenciación», del cambio —pues solo independientemente, cada uno de nosotros, podemos «CAMBIAR»—, todo lo demás es fácil. Luego se trata únicamente de vivir el «estilo de servicio». Armonizar los propios ideales, uniéndolos a los demás por el afecto sincero. Y es, en definitiva, tal AFECTO el que dispone los caminos del entendimiento y de la cooperación.

3. LA ACCIÓN «NO PERSONA»

La acción «NO persona» consiste en un mecanismo que permite la penetración en terrenos que de otro modo no podrían ser explorados. En términos de lenguaje corporal, estas experiencias son diarias en las grandes ciudades.

Cada ser tiene SU «territorio» psicosomático. Una zona de seguridad. Un perímetro inviolable que, si se rebasa, provoca reacciones airadas cuya trascendencia suele depender de las circunstancias que rodean el hecho. El si-

---

[2] T. DE CHARDIN: *La energía humana,* Taurus Ediciones, 2.ª ed. española, Madrid, 1967, pág. 94.

guiente ejemplo vendrá bien para comprender mejor lo que pretendemos decir. Situémonos en el caso de las aglomeraciones en el Metro. Allí es esencial que dos desconocidos se consideren «NO PERSONAS». De otra forma, forzarles a vivir tales grados de intimidad, les resultaría muy embarazoso. Un «intruso» que, por hablar o mirar imprudentemente, quebrara tal estado de rígida continencia, podría verse afectado gravemente por su despropósito. Es decir, que frente a tales presiones, es necesaria **la rígida contención** para tolerar esta clase de violencias o de «invasiones territoriales».

Respecto de la expresión oral-corporal pensamos que puede provocarse, deliberadamente, un fenómeno similar. Sería el caso del orador que pretendiera «llegar» a su público haciendo gala de recursos persuasivos fundados exclusivamente en frías disquisiciones racionales. Por más atinadas que estas fueran, si el público VE ANTE SÍ «un intruso» que argumenta para «invadir el terreno de sus convicciones», inmediatamente trataría de poner en marcha mecanismos de defensa. Lo haría filtrando cuidadosamente cuanto se diga, cerrando las puertas de su comprensión para que las cuestiones «reboten», oponiendo prejuicios que amurallen sus creencias, y otras mil y una formas válidas para «refugiarse detrás del muro» más apropiado. La palabra, emitida por una persona (orador), habrá sido lanzada contra el grupo (público), y, por ende, recibida con mayor o menor resistencia, según las posibles implicaciones que se den a sus propósitos.

Cuando el orador se convierte en **«no persona»,** se confunde, se unifica con el VERBO. Todo su ser es «palabra válida» que emerge arropada con sus sentimientos y que ha de ser de suyo BIEN «RECIBIDA». Desaparece como persona corriente[3] para penetrar los recintos más íntimos acotados de otro modo a la vida privada de cada cual. De ahí nuestra insistencia sobre la necesidad de hablar al unísono con TODO EL UNIVERSO DEL HOMBRE (cuerpo, mente y espítitu); de conquistar esa destreza que permita **«fundirse con el verbo».** Así, «darse», legítimamente, con humildad y con bien.

Este «desaparecer» por efecto de la propia entrega PUEDE LOGRARSE. Para ello es necesario, también, que la OBRA, que los «OBJETIVOS DE LA EMPRESA», tengan la fuerza de los fines ELEVADOS, de las convicciones profundas. De otra parte, que medie el entrenamiento persistente y decidido, a fin de adquirir las destrezas espirituales y corporales que componen una NATURALIDAD **sólidamente conseguida.**

4. TÉCNICA DE LA IMPROVISACIÓN: POSIBILIDADES Y APLICACIONES

Para improvisar bien NO HAY QUE IMPROVISAR NUNCA. Este contrasentido contiene uno de los más importantes secretos de la retórica moderna: el de **la buena preparación.** Si esto es así. ¿Qué es improvisar? Pues creemos que disponer, espontáneamente, de las PALABRAS que sirvan para explicar con ACIERTO, SENCILLEZ y PRECISIÓN determinadas ideas CLARAS; con tiempo, bien definidas y convenientemente organizadas.

---

[3] Por «persona corriente» queremos significar aquella que suele fracasar en sus comunicaciones al desconocer los verdaderos límites y posibilidades del lenguaje ORAL. Sobre todo porque tiende a ignorar las formas de comunicación que algunas veces refuerzan y otras debilitan y hasta contradicen el mensaje de las PALABRAS, y que, en esencia, constituyen el interés preferente de este libro.

Se suele decir que para hablar bien basta con tener suficientes conocimientos de los temas que se tratan. Pues permítasenos «dudar» de tales aseveraciones. Los buenos improvisadores son muy raros. Necesitan contar con una gran capacidad de síntesis; una buena dosis de intuición y un VOCABULARIO «ACTIVO» de nivel suficiente. A todo esto hay que sumar APLOMO y ENTRENAMIENTO. Si no es así, lo más probable es que nos encontremos con personas que no tengan mayor preocupación por los efectos de sus palabras, y menos aún **por el tiempo** que puedan hacer perder a quienes las escuchen.

El pensamiento necesita MADURAR para ser comunicado con acierto. Esta madurez consume momentos de reflexión, IMPRESCINDIBLES para ordenar la presentación de las ideas, para disponerlas atinadamente, a fin de que contribuyan a una comunicación eficaz. Por eso la improvisación no se resuelve con el acopio de «muletillas» más o menos útiles, en plan de «decir unas palabras», especialmente en público. Tiene que venir con el respaldo de saber que valdrá para **dar «algo»;** lo que a su vez equivale a TENERLO previamente.

La exigencia de DAR, supone la de TENER y, esta, la de contar con una vida INTERIOR RICA, con un intelecto fortalecido en el estudio y la lectura.

✳ ✳ ✳

La facilidad de palabra no garantiza una actuación feliz. El escollo lo produce confiar en que, «cuando sea», vendrán a la mente los argumentos precisos y las palabras para explicarlos. Es así como suelen producirse muchos fracasos, de los que por principio debieran haberse obtenido triunfos. Por eso, frente a determinados compromisos, suelen alcanzar el éxito con la expresión oral aquellos que tienen el camino preñado de dificultades, gracias a los cuidados que supieron poner en su FORMACIÓN y PREPARACIÓN.

Cuando el pensamiento no se concreta por medio del esfuerzo cuidadoso, tiende a plasmarse en frases largas e imprecisas. El desarrollo de la exposición se llena de claros, de pausas, que luego tienen que salvarse con impropios sinónimos y repeticiones innecesarias. Es, pues, SIEMPRE DE BASE, la BUENA PREPARACIÓN. Por lo menos, meditar en lo que se va a decir, no en función del éxito personal, sino de un elemental deber para con los que se disponen a escuchar.

Estas reflexiones concurren a destacar que la IMPROVISACIÓN solo debe constituir **un ejercicio** para dar mayor facilidad de palabra. Cuando se habla sin la debida preparación, se camina por el filo del descomedimiento.

¿Qué entendemos por la «debida preparación»? Pues la realizada con **tiempo suficiente,** ANTES de concurrir al lugar en donde se presume que se ha de hablar. Esto significa que por el solo hecho de ir a un sitio, en donde remotamente pueda surgir el compromiso de hablar, HABRÁ QUE TOMAR LA PRECAUCIÓN DE PREPARARSE. Si por fin no hay ocasión de intervenir, el esfuerzo habrá valido como una práctica más. También, como un acto de íntimo respeto y adhesión efectiva para con los asistentes. En resumen, un doble servicio para la causa de la propia superación.

Hemos dicho que la improvisación tiene que concretarse en una especie de GIMNASIA para lograr cierta fluidez expresiva. Una agilidad mental que permita poner en orden determinadas ideas acerca de cualquier tema. Para ello, sugerimos los ejercicios siguientes.

EJERCICIOS

1. Componga un conjunto de «ideas iniciales» de RE-SERVA, valiéndose de las referencias siguientes: *a)* comparaciones; *b)* anécdotas; *c)* afirmaciones estimulantes y sabias; *d)* preguntas sugerentes; *e)* conceptos bien entendidos y definidos acerca de los seres y de las cosas; *f)* parábolas; *g)* fábulas; *h)* citas de pensadores ilustres y de todos conocidos; *i)* refranes; *j)* dichos de la sabiduría popular; *k)* cuentos breves; *l)* poesías escogidas; *m)* síntesis de algunas experiencias dignas de mención.

Este pequeño «tesoro» servirá para comenzar y también para orientar, en muchos casos, lo que se quiere decir.

2. Enriquezca su VOCABULARIO apoyándose en las siguientes prácticas:

a) Disponga de un cuaderno de vocabulario, a ser posible provisto de índice alfabético. Resultará muy útil para el repaso y la localización de los términos que allí se apunten.

b) Trabe «amistad» con un buen diccionario de la lengua. Su lectura no es tan árida como se suele pensar. Observe los matices que rodean a la correcta aplicación de los términos. Aproveche para mirar el uso de los signos cuyo empleo es frecuente y compruebe su mejor aplicación.

c) Examine el vocabulario generalmente usado en la diaria conversación. Tenga en cuenta qué nuevos términos podrían emplearse para expresar con mayor precisión ciertas situaciones. Busque fórmulas expresivas que designen **prácticamente** lo mismo. De ellas escoja la más ajustada.

d) Practique una LECTURA VARIADA. Frecuente la lectura de diarios, revistas, libros instructivos, novelas, ensayos, artículos sobre temas científicos y otros. En todos ellos aparecen palabras de uso poco frecuente y gran poder significativo. Señálelas y luego consulte el diccionario. Lea en tal caso varias veces en voz alta la palabra y su aplicación correcta. Transcríbala textualmente en el cuaderno de vocabulario.

e) Estudie el estilo empleado por los buenos autores, maestros en las fórmulas del bien decir. Relea sus párrafos **lentamente.** Deléitese con la propiedad y la belleza de sus giros y expresiones. Aprecie la bondad de su contenido y la forma en que trabajan para esclarecer los significados con el favor de los contextos.

f) Provéase de un buen libro de sinónimos explicados. Relea en él las diversas palabras y el porqué de su aplicación precisa. Tenga en cuenta que la sinonimia razona las palabras, explica el uso y enriquece la lengua [4].

[4] R. GARCÍA CARBONELL: *Lectura rápida para todos,* Ed. Edaf, Madrid, 1979, págs. 44-47.

3. Provéase de cierto número de tarjetas en blanco, como las que se usan corrientemente «de visita». En cada una, y por una sola cara, consigne el nombre de un tema para hablar. Colóquelas dispersas sobre una mesa, de forma que NO puedan leerse los nombres apuntados en ellas. Al azar, escoja una cualquiera. Lea el nombre del tema. Prepárese durante TRES MINUTOS para hablar de ello, sin otro auxilio que el de sus propias reservas. Cumplido el tiempo de preparación, HABLE DURANTE CUATRO MINUTOS. Al hacerlo, tenga en cuenta que PRACTICA. El propósito del esfuerzo es movilizar sus recursos actuales; multiplicar su agilidad intelectual para discurrir con rapidez y eficacia.

Realice este ejercicio dos veces por semana. Se sorprenderá de sus progresos.

5. BREVE CHARLA:
ESQUEMAS PARA DIVERSAS SITUACIONES

Cuando se trate de decir «unas palabras en público», conviene que sean breves y que vayan acompañadas de un tono vital y entusiasta. Los temas pueden variar al infinito, pero convendrá cuidar, respecto de la exposición, dos aspectos clave: no caer en «amonestaciones paternalistas», ni darse a «profundas reflexiones». Simplemente decir algo de PROVECHO, basado en un pensamiento, referencia o idea grata y animadora.

Para todas estas circunstancias, conviene tener en cuenta que el auditorio no está dispuesto a pensar. Esto no solo respecto del tema, sino también de las palabras que se utilicen para explicarlo. Será contraproducente hacer gala de frases ornamentadas, de mucha retórica y de composiciones verbales rebuscadas que fuercen una gran atención. Pintorescamente, la juventud ha calificado de «CARROZA» todos estos intentos, tan insinceros como rebuscados.

La breve charla tiene que constituir un medio de suavizar tensiones y de canalizar sentimientos a fin de conseguir adaptarlos a las condiciones existentes. Algo así como valer de sutil «conductor» para proponer ciertos entendimientos que concurran a mejorar en los otros —los que escuchan— el sentido del encuentro. El esfuerzo dirigido con estos propósitos tiene la virtud de prodigar benéficas influencias, empezando por el que trata de expresar plenamente sus ideas y sentimientos. Así suele ocurrir cuando hay de por medio un espíritu elevado y un propósito de caer bien, orientado hacia las causas del amor, de la amistad, de la comunicación más efectiva y sincera. Para poder producir estos resultados, la charla debe dirigirse a los sentimientos y, por tanto, rodearse de los **usos afectivos del lenguaje.**

Ciertas palabras análogas repetidas en forma de letanía tienen la cualidad de multiplicar sus efectos. Por ejemplo, si se dice: «Amor, amor...», maravillosa ley de la vida», se PRESIONA más que diciendo: «El amor es una maravillosa ley de la vida». En este orden ciertas estructuras gramaticales tienen aún más fuerza. Como, por ejemplo: «El gobierno del pueblo, por el pueblo, para el pueblo». Que también podría expresarse como «gobierno popular», en cuyo caso la carga sentimental desaparecería para dar lugar a una simple información.

Dentro de los valores afectivos del lenguaje, las metáforas y las comparaciones tienen óptimas aplicaciones y se suelen emplear a diario. Utilizadas con discreción multiplican la capacidad significativa. No son «ornamentos» de la exposición, sino verdaderas expresiones directas de valoraciones que surgen cuando se tienen fuertes sentimientos que comunicar. Los ejemplos que pasaremos a relatar ilustran sobre las variables más clásicas: «Con el mundo entre sus manos». «Se desangran los pueblos». «El león de la libertad». «Las manecillas del reloj». «En las mismas entrañas de la tierra». «Tiempo polar» (Metáforas). «Cobarde como un conejo». «Tan rápido como una liebre». «Más largo que la Cuaresma». «Duro como el hierro». «Tan firme como una roca». (Comparaciones.)

En otros casos la presentación de los hechos escuetos tiene tanta fuerza como los juicios que puedan simbolizarse con otras expresiones del lenguaje. Es la propia carga afectiva de los hechos, separada de los sentimientos del que los expone, la que conmueve al auditorio. Esta constituye muchas veces una de las formas más interesantes de presentar determinadas cuestiones, pues abre los caminos de una conclusión que se produce por sí sola.

Con el fin de facilitar la preparación de BUENAS Y BREVES actuaciones, ofrecemos a continuación cinco esquemas básicos. Los mismos toleran los ajustes más apropiados para solventar una variada gama de compromisos.

Esquema I

Actos en los que se reciben homenajes

a) Destacar la celebración.
b) Aludir a las circunstancias que provocan la realización del acto.
c) Expresar sentimientos afectivos de satisfacción.
d) Dar las gracias por las muestras de simpatía.

e) Manifestar el interés de continuar sirviendo a la causa que haya originado la celebración.

f) Poner el énfasis en señalar los estímulos que tales reconocimientos entrañan.

g) Alentar a los demás para que continúen los derroteros escogidos.

h) Desear a todos éxito y felicidad... y otra vez: «Muchas gracias».

Esquema II

Actos en que se brindan homenajes

a) Destacar la importancia del acto.

b) Aludir a las circunstancias que rodearon su realización.

c) Significar la necesidad de gratificar determinadas conductas.

d) Poner de manifiesto la trascendencia de los símbolos que forman parte del homenaje.

e) Manifestar la necesidad de continuar la obra con el ejemplo de actitudes o méritos como los que se destacan.

f) Agradecer la participación de los presentes y sus muestras de adhesión.

g) Votos de prosperidad para los asistentes y las GRACIAS SINCERAS al homenajeado.

Esquema III

Saludos para las despedidas de todo tipo

a) Una anécdota, una breve frase o imagen que tenga relación con el tipo de despedida.

b) Expresiones de aliento y de simpatía.

c) Dejar a la vista la obra realizada.

d) Destacar la importancia del nuevo camino a seguir.

e) Hacer votos de felicidad y prosperidad para el homenajeado.

f) Destacar la presencia de los concurrentes.

g) Brindar por los éxitos del homenajeado.

Esquema IV

Presentación de un tema o proyecto

a) Razones que han motivado el encuentro o la reunión.

b) Idea por realizar.

c) Elementos humanos y materiales para llevarla a cabo.

d) Procedimiento que se sugiere.

e) Información y experiencia que avalan los criterios expuestos.

f) Servicios que ha de prestar el tema o el proyecto al progreso y a la comunidad.

g) Agradecer el interés puesto de manifiesto.

h) Formular votos por el éxito de la tarea.

Esquema V

Análisis de un asunto o planteamiento de una cuestión

a) Causas que han promovido el estudio o la convocatoria.

b) Los «primeros principios» o el origen de la cuestión.

c) Partes componentes o pasos a concretar o desarrollar.

d) Resultados, aplicaciones, usos, beneficios.
e) Conclusiones o generalizaciones.
f) Expresión de sentimientos alentadores propicios.

Para todos los casos, cuando se tenga que agradecer algo, dígase simplemente GRACIAS O MUCHAS GRACIAS. No es de tanto efecto diluirse con expresiones que prolonguen una muestra de agradecimiento.

*Exprese sus sentimientos
con entusiasmo y sinceras
muestras de afecto.*

RESUMEN

Bases psicológicas de la persuasión

EL ATRACTIVO PERSONAL

El atractivo personal es casi la llave del éxito. A nuestro entender, configura una suerte de «halo» espiritual que irradia la personalidad de ciertos seres. En el fondo quizá solo se trate de la exteriorización, consciente o inconsciente, del interés que se vuelca hacia los demás, interés que puede llevar a conseguir deleitarse positivamente con el contacto de las personas.

AFECTIVIDAD, CORTESÍA, DISCRECIÓN

La comunicación tiene que lograr que otros colaboren, de un modo o de otro, con los propósitos del que habla: para ello es necesario ganar la posibilidad de ser «aceptado». En este empeño no basta con el atractivo; es menester enriquecerlo con el auxilio de la cortesía y de la discreción, respetar la INTIMIDAD AJENA y limitar las cuestiones personales.

LA ACCIÓN «NO PERSONA»

Permite avanzar sobre territorios que de otra forma no podrían ser explorados. Cada ser humano tiene una especie de perímetro inviolable, y si se rebasa provoca la reacción inmediata del afectado. En oratoria sucede otro tanto. Esto hace necesario que el orador se unifique con el «verbo» de forma que todo su ser resulte palabra válida; palabra capaz de penetrar y ganar afectivamente los pequeños focos de «resistencia».

TÉCNICA DE LA IMPROVISACIÓN: POSIBILIDADES Y APLICACIONES

Para improvisar bien no hay que improvisar nunca. Aceptado esto, ¿qué debemos entender por improvisar? Pues creemos que disponer espontáneamente de las palabras que sirvan para explicar determinadas IDEAS CLARAS; es decir, ideas «con tiempo» definidas y convenientemente organizadas para su comunicación propicia.

Se suele pensar que para improvisar bien basta con tener suficientes conocimientos de los temas; sin embargo, no es así. A ello hay que sumar una gran capacidad de síntesis, una buena dosis de intuición y un vocabulario activo muy rico, que permita contar a cada instante con el término justo. No hay que olvidar que cuando el pensamiento no se concreta por medio del oportuno esfuerzo cuidadoso, tiende a plasmarse con frases largas e imprecisas. El desarrollo de la exposición se llena de «claros», que se «salvan» con impropios sinónimos y repeticiones innecesarias.

LA BREVE CHARLA

Cuando se trate de decir «unas palabras» en público, conviene que sean breves y que vayan acompañadas de un tono VITAL y entusiasta. No cabe caer en «amonestaciones paternalistas», ni darse a «profundas reflexiones». Simplemente decir algo de PROVECHO fundado en un pensamiento, referencia o idea grata y animadora, pues en estos casos el auditorio no está dispuesto a pensar.

En síntesis, la breve charla tiene que constituir un medio de suavizar tensiones y de canalizar sentimientos al servicio de los objetivos previstos.

TABLA DE EJERCICIOS

TÉCNICA DE LA IMPROVISACIÓN

Ejercicio 1. Debe emprenderse como algo que tiene que resultar valioso con el tiempo. Sucesivas lecturas y experiencias tienen que concurrir a enriquecer su acervo. No cabe, por tanto, dar instrucciones concretas de tiempo y dedicación.

Ejercicio 2. Respecto al aumento del vocabulario, la tarea tiene que consistir en un entusiasta y permanente empeño. Los apartados del ejercicio se han seleccionado en función de su practicidad y de su eficacia, y el orden dispuesto está pensado con arreglo a las posibilidades del esfuerzo individual y al tiempo de posible dedicación.

Ejercicio 3. Esta práctica puede constituir un valioso pasatiempo y tiene por objeto dar fluidez verbal para potenciar la exposición de las ideas. Esto, por supuesto, no debe confundirse con la destreza de improvisar bien. Como en los otros casos, no podemos dar en esto instrucciones de tiempo y dedicación. Cuanto más se practique, mayores y mejores serán los respectivos efectos.

Prácticas de expresión oral-corporal y coordinación física

1. Actuación óptima de pie. Regulación de los ademanes

   a) *Coordinación de una y dos manos «a mano»*

2. Uso de los elementos físicos.

   a) *El atril de pie*
   b) *Acción detrás de una mesa o balaustrada*

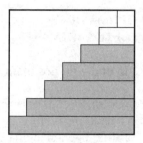

La POSTURA DE PIE, sin ningún elemento delante, será siempre la mejor. Por tanto, es la más recomendable. Exige determinados cuidados y se perfecciona con el empleo correcto de los ademanes.

Si se trata de hablar teniendo, por obligación de las circunstancias, un ATRIL, una MESA o una BALAUSTRADA delante, la postura no tiene por qué modificarse.

Recordemos que tales elementos NO SON PARA DESCANSAR el cuerpo, ni mucho menos para «tirarse» sobre ellos. No obstante, con el desarrollo de las prácticas que pasaremos a explicar, tendremos oportunidad de sugerir algunas modalidades válidas para servirse del que haya que utilizar; todo esto sin dar ocasión de descomponer la imagen ideal.

Para poder aprovechar las indicaciones que vamos a sugerir, REPASE las suministradas con las prácticas *a)*, *b)* y *c)* del ESCALÓN II. Todas ellas habrá de tenerlas en cuenta cuando tenga que HABLAR.

Comience por determinar el lugar desde donde realizará sus prácticas.

1. ACTUACIÓN ÓPTIMA DE PIE.
REGULACIÓN DE LOS ADEMANES

a) Coordinación de una y de dos manos «a mano»

Siéntese (postura «social») en la silla dispuesta a cuatro metros del punto señalado para hablar. Actúe como sigue: Póngase de pie. Bajando ligeramente la cabeza, aclare la garganta. Rásquese, si lo desea. Desde la postura ERGUIDA, como si tuviera un espejo delante, complete los más pequeños detalles de su arreglo personal. Luego diríjase hacia el lugar en donde tendrá que hablar. No dé el **primer paso** sin ANTES mirar al suelo. Al llegar al punto debido, con la cabeza inclinada hacia abajo, sitúese FRENTE A SU PÚBLICO dando pequeños pasos. NO GIRE sobre sus tacones en ningún caso. Lentamente, vaya levantando la cabeza hasta llegar al nivel del auditorio (supuesto o real), adoptando la postura «de base» de PIE. Dirija su mirada al público. Recuerde: RECTA, **buscando sus entrecejos.** Sonría mientras cuenta mentalmente hasta DIEZ... Acto seguido, comience a hablar. Hágalo durante CUATRO MINUTOS.

Mientras habla, MUEVA LAS MANOS, activando la expresión del torso, rostro y cabeza. Hágalo, pero tenga en cuenta los siguientes detalles: 1) No trace «figuras» de ningún tipo con la posición de sus manos; 2) No las levante más allá de la altura de su cabeza; 3) No las mueva «todo el tiempo», pues se convertirá en una especie de «director de orquesta». **Téngalas siempre a la vista del público,** sea cual fuere su postura física.

Cuando el propio énfasis lo sugiera, lleve las DOS manos adelante y arriba. De regreso, DEJE UNA a nivel de su cintura, mientras la otra baja hasta quedar colgando laxa al costado de su cuerpo. Manéjese la mayor parte del tiempo con esa mano «fácilmente disponible». Este pequeño detalle le servirá para no caer en un amagar constante con ademanes a «mitad de camino». Esto es frecuente cuando el énfasis que trata de significar tiene una presteza que desarmoniza con los movimientos más amplios. Por ello, valerse de una mano, «a mano», es un detalle de buen gusto para con la imagen y de gran sentido práctico para con la comunicación.

Otra forma de asumir una «disponibilidad» propicia respecto de las manos es la de «abandonarlas» inmediatamente debajo de la cintura. De esta suerte configuran DOS manos «a mano».

En muchas ocasiones estos recursos permiten óptimas evoluciones de los ademanes. Con el propósito de darles mayores posibilidades, conviene **potenciar la expresión del rostro,** en el momento que las manos emprenden «el regreso» hacia su postura natural. El público no suele reparar en estas tácticas.

Como no habrá que «mover» las manos «todo el tiempo», recomendamos una serie de posturas que favorecen la imagen del orador. El orden de su presentación es el preferido del autor: *a)* Simplemente colgando laxas a ambos lados del cuerpo, sin desplazarlas atrás; *b)* Una mano a nivel de la cintura, la otra colgando laxa al lado del cuerpo (la que resulte a nivel de la cintura NO DEBE APARECER NI TENSA, NI CAÍDA «DEL TODO»); *c)* Las dos manos relajadas a nivel de la cintura, sin llegar a entrelazar los dedos; *d)* Juntas adelante con los dedos entrelazados, y ambas colgando por debajo del nivel de la cintura; *e)* Superpuestas adelante por debajo de la cintura, de forma que los dedos de una cojan el costado y el dedo meñique de la otra.

Con sus naturales variantes todo esto es favorable. Lo contrario sería colocar de alguna manera las manos en los bolsillos. Ocultarlas llevándolas hacia atrás. Cruzar los brazos (solo tolerable para ciertos pasajes del énfasis o de la expresión). Poner los brazos «en jarra» a la cintura. Descansar los brazos colgando las manos desde los pulgares convertidos en «ganchos» para fijarlas desde el cinturón, el chaleco o cualquier otra parte de la ropa[5].

Cuando pronuncie las palabras finales, deje que sus manos regresen al punto de colgar laxas a ambos lados del cuerpo. Agradezca los aplausos desde esa posición, con cadencias de cabeza que NO DEBEN LLEGAR A CONVERTIRSE EN REVERENCIAS. «Muchas gracias»... «Muchas gracias»... Si la ocasión lo pide, levante una mano para saludar y hágalo con expresión gentil, SIN PRISA. Vuelva luego sus manos a la postura normal; o sea, **colgando laxas a ambos lados de su cuerpo.**

Practique la postura NORMAL. Tiene que conseguir que NO LE VIOLENTE conservarla. Tiene que llegar a preferirla a TODAS las otras y sentir con ella una real comodidad. Aproveche toda ocasión que se le presente para adoptarla. Las manos tienen que COLGAR LAXAS, lo cual quiere decir en armonía con la postura «de base» de PIE. La imagen en conjunto no tiene que aparecer ENDURECIDA O MILITAR.

---

[5] No quisiéramos que estos comentarios puedan llevar a pensar que pretendemos «CONDICIONAR» la imagen y la conducta del orador en unos «moldes rígidos». Nos mueve el deseo de hacer «ver» posturas menos agresivas, que no llamen tanto la atención del público hacia ellas. Por lo demás, TODAS pueden ser válidas; siempre que surjan naturales por imperativo del énfasis de lo que se quiere, «VERDADERAMENTE», decir.

2. Uso de los elementos físicos

a) El atril de pie

El ATRIL DE PIE es un elemento al servicio de la comodidad, pero nunca para «desaparecer» o «esconderse». Su mayor o menor envergadura y solidez tiene que ver con su destino. Así, los de los músicos son frágiles, graduables hasta una discreta extensión, pero solo con ánimo de soportar la partitura.

Si el atril es apropiado para leer, requerirá cierta inclinación y solidez. Pero cuando tiene que servir, además, para HABLAR, debe ser capaz de soportar la carga de los papeles **y del orador.** Es el caso de los atriles utilizados en las Cortes, Cámaras de Representantes y otros recintos.

Dispuestos o «condicionados» a hablar detrás de un ATRIL, los aspectos a tener en cuenta se resumen en las recomendaciones siguientes:

Es obligado controlar, como problema sustancial, el nivel del ATRIL. Este tiene que permitir que el público VEA CÓMODAMENTE buena parte de SU TORSO [6].

Al hablar, cuide de NO JUGAR con el atril o con cuanto lleva encima. NO TIENE QUE ORDENAR LOS PAPELES. No los toque. En cierta forma el atril es un enemigo de su imagen; está de por medio, como una valla, separándole de su público.

No trate de reducir la distancia que separa al atril de su cuerpo. Sostenga una media que le permita LEER el guión sin que le «atraiga» hacia el descanso. Puede coger el atril o

---

[6] Si el ATRIL, es rígido y alto, tendrá que valerse de una pequeña tarima. En su defecto, IMPROVISARLA de forma práctica y SEGURA.

los papeles con una mano o con las dos, al servicio del énfasis que sugieren sus expresiones. Pero no adopte NUNCA
una «POSTURA DESCANSADA». Si los brazos y manos le sujetan,
deberá gravitar solo con «su» propio peso. La mejor aproximación oscilará entre los 35 y 40 centímetros del cuerpo; así
valdrá tanto para leer como para destacar las notas vibrantes
que aconsejen los giros más significativos del mensaje.

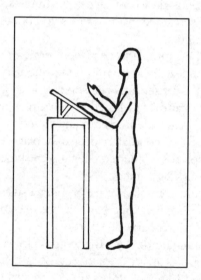

Practique con un ATRIL o improvíselo con una mesa y
un conjunto de libros u otros medios apropiados. Hable
por espacio de CUATRO MINUTOS. Al hacerlo, tenga presente
las indicaciones anteriores en orden a la movilidad de los
músculos faciales. Vigile los ademanes de modo que resulten mesurados y discretos. Mantenga firmes los pies y le-
vemente relajadas las rodillas, a fin de que TODO su cuerpo
se sustente con el EQUILIBRIO que requiere la expansión de

la más perfecta expresión oral-corporal. El torso, sostenido por la columna vertebral, debe aparecer ERGUIDO; sin rigidez. Cuide todos los detalles mientras habla. Al principio no le será fácil. Insista. Descanse. Pruebe reiteradamente por similares espacios de tiempo.

b) Acción detrás de una mesa o balaustrada

Al hablar con una mesa o balaustrada delante, lo corriente será que las alturas no sean óptimas para su imagen. En tal caso deberá valerse de elementos que le permitan situarlas o elevarle, de forma que el nivel superior llegue hasta la **altura de sus muñecas.** Con estos elementos, la distancia debe variar respecto de la del atril de pie. Aquí será normal la de unos 25 centímetros, más o menos. Cui-

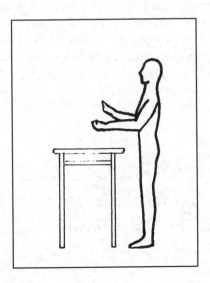

dando de conservarla, evite que sus manos «tropiecen» al moverse con el impulso de los ademanes.

Hechas las comprobaciones del caso, HABLE. Hágalo por espacio de CUATRO MINUTOS. Atienda a todos los detalles de la correcta imagen física. Procure que sus ademanes sean el complemento armonioso del énfasis que haya de dar a cuanto diga; que refuercen y perfeccionen los alcances de lo que pretende significar. En ningún momento habrán de servir de recurso físico para la búsqueda de las palabras más convenientes, ni como medio liberador de una expansividad tan innecesaria como lamentable. Evite distraer al auditorio con movimientos endurecidos o agitados. No mueva constantemente los brazos y mantenga las manos quietas en espera de la oportunidad de «intervenir».

Si, por imperativo de circunstancias insalvables, la mesa o balaustrada resultan BAJAS, **no se «comprima»** para apoyar sus manos, o para descargar así parte del peso de su cuerpo. Si, por el contrario, resultan ALTAS, no deje que sus manos la tengan asida TODO el tiempo. NO CEDA a la posible comodidad del apoyo para «descansar» sus piernas, pues quebraría la imagen y su cuerpo dejaría de prestarle lo mejor de su contribución.

No se deje condicionar
por los elementos físicos.
Válgase de ellos para mostrar
siempre su mejor imagen.

6

La conquista del auditorio

1. Técnica de las presentaciones
2. Mentalidad de los receptoras
3. Recursos corporales afectivos
4. Monopolio de la atención y manejo de las pausas
5. Tratamiento de las interrupciones
6. Situaciones especiales:
   a) *Acción de los tímidos*
   b) *El afán de destacar*
   c) *El eterno disconforme*
   d) *Las ofensas*
   e) *Cuestiones excepcionales*

7. Empleo del chiste y de la ocurrencia: formas y oportunidad

1. Técnica de las presentaciones

Es una buena costumbre presentar al orador, cosa que suele quedar a cargo de los organizadores del acto o de personas designadas especialmente por estos para la ocasión.

En todos los casos la ley que debería regir toda buena presentación puede sintetizarse con las siguientes palabras: BREVE, MESURADA y MODESTA.

La brevedad será siempre recibida con general beneplácito, pues deja lugar y «tiempo» para que pueda desarrollar su tema el que tiene que hablar. Se dice que, una vez, un presentador se extendió tanto formulando sus consideraciones sobre el tema, que el orador de turno, cuando hubo de dirigirse al público, dijo: «Señores, solo me resta dar mis cumplidas GRACIAS al Señor... por haber sido tan gentil en sus apreciaciones sobre quién tiene el honor de hablarles y por haberme ahorrado la tarea de exponerlas. Solo me resta decir, de todo corazón: MUCHAS GRACIAS».

Esta anécdota puede parecer exagerada; sin embargo, encierra buena parte de la verdad de ciertas presentaciones cuando estas se aprovechan para el propio lucimiento. En tales casos, el orador recibe un auditorio «gastado» por los excesos del predecesor. Se enfrenta con un clima desqui-

ciado por una conducta vanidosa, lamentable, que cuesta
NO POCO ESFUERZO hacer olvidar a los asistentes.

A fin de conseguir una presentación apropiada, sugerimos que se tengan en cuenta los siguientes extremos:

1. Desdeñe todo lucimiento propio, y menos aún a
   costa del que tiene que hablar.
2. Mida los elogios que pueden producir una suerte de
   «vedetización» [1], muy perjudicial al orador. En su lugar, cite datos o hechos sobresalientes de su obra.
3. En ningún caso recurra a «exagerar» los hechos.
4. No penetre «dentro» del tema que se va a tratar. Men-
   cione su título con claridad y no haga alusiones que
   el responsable no le haya pedido.
5. No rebase los CINCO MINUTOS como tiempo NETO de
   presentación; esto, siempre que se trate de discursos
   o conferencias de gran significado. En los casos ordinarios DOS MINUTOS serán más que suficientes.

2. MENTALIDAD DE LOS RECEPTORES

Un auditorio suele padecer, normalmente, gran inestabilidad en orden a sus estados de atención, y cualquier cosa
puede «distraerle»: las figuras que realice con las manos el
disertante, los detalles de la decoración del local, el vuelo
de una mosca. El más mínimo «pretexto» puede servir. En

---

[1] «Vedetización» es un término creado a propósito del cine. Conlleva
toda una serie de recursos a fin de conseguir «NOTORIEDAD» para ganar el
éxito, pero también hace que el público se torne exigente y que se DE-
CEPCIONE con mucha facilidad.

cierta forma, casi todo tiende a parecerle más atractivo que ESCUCHAR.

Desde su sitio cada receptor pretenderá seguir el conjunto que le brinda quien le dirige la palabra, y sus actitudes evolucionarán en función directa del énfasis que acompañe a la exposición o se dispararán en busca de nuevos incentivos. Si el orador «descansa», su público estará proclive a descansar. Si se muestra tenso, despertará «molestias». Si se desplaza, suministrará el cansancio adicional de «seguirle». Si se vale de los ademanes y de frecuentes «miradas al cielo» para hilvanar sus pensamientos, abrumará seguramente. Si llama la atención su anillo, lo seguirán entretenidos por sus reflejos y matices; los ojos irán en pos de «su camino», tal como el ejecutante sigue la batuta del director, pero esta vez hacia la confusión y el extravio.

✻ ✻ ✻

La vestimenta puede constituir otro motivo de distracción. Ni desaliñado ni «relamido». Quien tenga que hablar convendrá que vista dentro de las normas que sugieren las costumbres y los criterios que ACEPTA la mayoría. Costumbres y criterios que, para cada lugar, deberían sujetarse a un prudente término medio respecto de su interpretación.

En otras ocasiones diversos factores llegan a convertirse en elementos de perturbación. Por ejemplo, si quien habla sufre de calor, mortificará al público que estará pendiente de su «sacrificio». Dígase lo mismo de las opresiones o incomodidades que puede ocasionar la ropa o el calzado. Todo el aspecto del orador debe infundir COMODIDAD en un marco de arreglo prolijo, apropiado, sobrio y sencillo. Por esto ha de prescindir de joyas, de adornos y de todo detalle sobresaliente que pueda mal dirigir la atención del auditorio o de una parte de él.

Cuando se trate de hablar con una mesa delante, convendrá cuidar de que venga provista de un elemento que impida que se vean las piernas. Las rodillas y los movimientos femeninos, y en el hombre un simple calcetín caído, bastan para constituir motivo de crítica y, más que nada, para distraer al público. De todos modos es bueno advertir que, si bien la mesa puede venir provista del «recato» complementario, ello no significa autorizar la «movilidad» del cuerpo en el asiento o la de las piernas. En este aspecto el comportamiento debe revestir iguales precauciones que las que habría que tomar si tal «defensa» no existiera.

Los detalles que hemos venido comentando tienen que ver con la conducta y el aspecto FÍSICO de quien ha de hablar, a fin de concitar la atención del auditorio. Ahora bien, considerado como grupo humano, todo público suele tender a: 1) **La afirmación de la UNIDAD y de la SOLIDARIDAD,** y 2) **La aclamación del PODER DE MANDO.** Esto no es privativo de los grupos pequeños, pues va afirmándose en la medida en que el grupo CRECE [2]; por tanto, cuando haya que hablar, en la medida en que el grupo «crezca», habrá que reducir los argumentos DETALLADOS y RAZONADOS. En su lugar, reunir las emociones comunes, «tocando» las esperanzas y los temores, el júbilo, la admiración o el desprecio, las experiencias y las aspiraciones que se quieren compartir.

Por último, hay que tener presente todo lo que pueda contribuir a fin de «llegar» mejor al auditorio. Regular, en

---

[2] Antony JAY: *La nueva oratoria,* primera edición en español, Editorial Técnica, México, 1972, pág. 84.

consecuencia, la emisión de la voz y servirse del micrófono cuando resulte indispensable. Sobre este detalle tendremos ocasión de ahondar lo suficiente.

3. RECURSOS CORPORALES AFECTIVOS

El cuerpo y la imagen poseen poderes afectivos que deben ser utilizados para hablar bien en público. Se trata de un conjunto de recursos que van destinados a tocar de lleno los sentimientos de los participantes, volcándolos en favor del orador.

La índole eminentemente práctica de nuestra obra nos dispensa de discurrir acerca de las razones profundas que sustentan estos recursos. No obstante, queremos señalar a la consideración del lector que son las numerosas experiencias positivas que venimos realizando las que nos mueven a proponerlos sin mayores comentarios.

Con estas salvedades, procedemos a enumerarlos y a tratarlos separadamente: *a)* Conservar los pies paralelos; *b)* Mostrar las palmas de las manos; *c)* Inclinar la cabeza hacia un costado; *d)* Pronunciar la imagen del tórax; *e)* Proyectar los dedos de los pies y de las manos hacia delante; *f)* Invertir el orden del énfasis; *g)* Potenciar la expresión de párpados y cejas; *h)* Llenar la voz en las notas bajas.

a) **Conservar los pies paralelos.** Al estudiar las posturas «de base», hemos indicado como un requisito esta condición. Los pies paralelos favorecen la emisión de la energía humana y deben complementarse, a tal fin, con el EQUILIBRIO TOTAL DEL CUERPO. Los efectos mayores se consiguen con la postura «de base» de PIE, si bien se logran buenos resultados con las posturas «de base» de sentados («intelectual» y «social»). Por todo esto el orador debe cuidar de conservar los pies en esta posición durante todo el tiempo de su discurso.

b) **Mostrar las palmas de las manos.** Estas tienen una considerable energía y poseen visibles efectos sobre el auditorio. Pueden usarse simultáneamente o aprovechando los ademanes propicios durante la intervención. De todas formas, por ser tan notorias sus cualidades, conviene limitar sus aplicaciones para cada oportunidad, pues el público podría sentirse abrumado o advertir el uso consciente de este recurso. En el peor de los casos llevarían a distraer, provocando un efecto contrario al que se perseguía.

c) **Inclinar la cabeza hacia un costado.** Es quizá el más conocido de los recursos corporales afectivos. Los niños suelen prodigarse inconscientemente con él. Es conveniente utilizarlo durante los movimientos de cabeza y al comienzo y al final de determinadas comunicaciones. Atribuye a la imagen unos atenuantes que la hacen menos «enfrentada».

d) **Pronunciar la imagen del tórax.** Se trata de evitar movimientos que oculten total o parcialmente el tórax. Por ende, no será bueno quedarse más de unos segundos con los brazos cruzados. Tampoco pasar los brazos por delante del pecho. Por el contrario, abrirlos de forma que pronuncien la percepción del tórax por parte del público. Hay que tener en cuenta que el tórax tiene capacidad de irradiación de la energía. Ello se produce cuando, a partir de la postura de equilibrio (postura «de base»), se expande el pecho por el efecto de dar máxima extensión a la columna vertebral estirada.

e) **Proyectar los dedos de los pies y de las manos hacia delante.** Las yemas de los dedos son otros conocidos agentes de proyección de la energía. Si los pies están paralelos y el cuerpo descarga su peso en equilibrio, cuesta muy poco trabajo irradiarla por esta vía. En este sentido, para evitar que sea notorio, convendrá aprovechar ciertos pasajes de la exposición para llevar las manos hacia delante y producir sus efectos.

f) **Invertir el orden del énfasis.** Habíamos dicho que el orden del énfasis viene dado por la PALABRA; luego, el ROSTRO; inmediatamente después, el CUERPO, y por último, los ADEMANES. Pues bien, si este orden se invierte, la expresión deberá comenzar por el ADEMÁN; o sea, sugerir con el brazo y la mano lo que inmediatamente el ROSTRO significa, el cuerpo íntegro manifiesta y la palabra, «por fin», dice. La fuerza expresivo-significativa y afectiva del procedimiento, es singular. Tiene tales alcances, que debe limitarse su empleo a solo dos oportunidades cada vez. De no ser así, podría ser advertida o producir una presión excesiva sobre el auditorio.

g) **Potenciar la expresión de párpados y cejas.** En este sentido no haríamos más que repetirnos. Vale para «encenderse» a voluntad, generando una intensa vibración en todo el cuerpo. Refuerza el poder de la mirada y, a su vez, cuando se modera, genera un nuevo estado de calma.

h) **Llenar la voz en las notas bajas.** Se trata de aumentar la participación del espíritu recurriendo a la respiración. En tal caso debe cogerse más aire y «derrocharlo» como si se pretendiera sumar al decir una expansión del aliento. El

procedimiento obliga a coger el aire suficiente por la BOCA.
No pocas veces los oradores descuidan este apoyo especialísimo, recurriendo a completar sus palabras apelando
al aire «residual-permanente» del organismo. Esto produce
una especie de ahogo, con el consecuente deterioro del énfasis.

Todos estos RECURSOS CORPORALES AFECTIVOS vienen enri-
quecidos cuando se producen al abrigo de los sentimientos.
Si a ello se suma la buena postura «de base» (con el equilibrio total del cuerpo), estaremos ante la posibilidad de una
fuerte expansión de la energía. No obstante, algunos de estos recursos tienen fuerza afectiva independiente de la presión que puede ejercer la vida y la energía del cuerpo. Es
conocido este poder de muy antiguo, y lo prueba la predilección de los artistas en la imaginería religiosa. Es el caso
de las palmas de las manos, de la cabeza inclinada sobre
un costado, de los pies paralelos.

El entrenamiento y la suficiente coordinación de cuerpo,
mente y espíritu permiten recurrir, conscientemente, al empleo de todos estos recursos sin producir el extravío de lo
que se pretende comunicar. Para ello cabe practicar ante
el espejo hasta conseguir significarlos con naturalidad y soltura.

4. MONOPOLIO DE LA ATENCIÓN Y MANEJO DE LAS PAUSAS

Desde los tiempos de los éxitos debidos a las expresiones
altisonantes y al «ornamento», hasta nuestros días, la fugaz
atención ha sido conquistada por un conjunto de factores
que han llegado a cambiar radicalmente gracias al deve-

nir cultural. La característica que ha presidido todo este desarrollo ha sido la de su COMPLEJIDAD. Desde las destrezas retóricas para conmover a fuerza de giros, en los que las FIGURAS se disputaban los honores del bien decir, hasta las de la FUERZA DE LA VOZ, TODO comportaba PREPARACIÓN; un delicado estudio, en el que las cuentas de las citas componían ROSARIOS INTERMINABLES pletóricos de saber. La mentalidad general gustaba de recibir esos «toques» verbales acariciantes. La rimbombancia de un vocabulario a base de palabras largas daba contrastes hipnóticos a cuestiones solemnizadas que no armonizaban fácilmente con la claridad. Todo debía resultar una compleja muestra del PRIVILEGIO que el estudio podía conseguir para los «elegidos». El liderazgo de la cultura descansaba en manos de una minoría selecta.

Ese tiempo ha pasado. HOY SE IMPONE LA CLARIDAD. La sencillez es la FUERZA. La palabra precisa. Vieja. Corta. Sin alardes. La mentalidad de los escuchas HA CAMBIADO. Pretenden «verdades». Saben tratar con ellas y son las únicas que valen para tenerles sujetos. De la rimbombancia de las palabras vanas hay que pasar a las SIMPLES que pintan el pensamiento serio..., maduro..., transparente.

Hoy, monopolizar la atención es sinónimo de ENTREGA; de sentir en lo profundo del corazón lo que se dice. Ser el primero en PRACTICARLO y en CREERLO. Expresarlo, por tanto, con EMOCIÓN, EQUILIBRIO y LÓGICA. También con la mejor imagen, cultivada especialmente para «llegar». Con el propósito de hablar porque se tienen IDEAS O PENSAMIENTOS que transmitir. Con la MESURA, con el cuidado del que siembra para ver fructificar y florecer.

Por efecto de todas estas disposiciones el conjunto «VIBRA». Un extraño poder ASOCIA los esfuerzos del que se «da» con el de los que le «reciben». La mirada del que habla pasa por cada uno hasta convertirse en una especie de VERBO que discurre por el TODO. En ese momento la clara visión de tales seres en actitud propicia aparece sostenida por un halo ligeramente AZUL. Como si una nube viniera dispuesta para nuclear las mentes y fundirlas en una rara unidad. Es el momento del «contacto». Suele coincidir con el de las cuestiones más trascendentes. Configura, quizá, una especie de «garantía» que avala el haber producido efecto.

El «humo azul» solo premia a los que se entregan totalmente. Su raro deleite trae consigo la certeza de haber alcanzado el fin propuesto. Hay en él una suerte de placer..., algo que gratifica, que sobreviene mientras las palabras escogidas envuelven todo con su aliento, dándole como premio la UNIDAD.

En el monopolio de la atención las PAUSAS tienen efecto gravitacional. Sin temor a equivocarnos, podemos afirmar que tienen a su cargo buena parte del éxito de cualquier intervención, pues crean el ambiente que dará paso a los conceptos esenciales. Favorecen la reflexión. Disponen el camino del cierre y marcan los cambios de ritmo para reforzar el énfasis de lo que se pretende destacar. Dejan respirar al que habla y dan el necesario «sosiego» a los que deben escuchar.

Las PAUSAS son la PUNTUACION DE LA EXPRESIÓN ORAL. Van modelando las inflexiones de la voz, permitiendo la más razonada presentación de las ideas. Dan el tiempo mínimo requerido para disponer del vocabulario adecuado, con el orden que corresponda.

En la intimidad de los sentimientos y de las ideas, las pausas se convierten en el manantial del RITMO. Son verdaderas dispensadoras del estilo, que se adapta, respecto de la comunicación VERBAL, al proceso respiratorio de cada uno; de ahí que sean eminentemente **personales,** puesto que cada cual tiene su propio ritmo respiratorio, al igual que su **propio modo de sentir, de ver, de juzgar y de vivir.** Respecto de ellas, no se pueden dar recomendaciones específicas Todo lo más, podría concretarse sobre ciertos aspectos generales que convendrá tener presentes, y que son:

a) RESPIRE y deje respirar a los demás.

b) Si quiere que otros PIENSEN, «déles» TIEMPO.

c) Una buena PAUSA vale más que un golpe sobre la mesa.

d) Deténgase, pero no deje que se DUERMAN.

e) NO CAIGA EN PAUSAS PROLONGADAS a cada rato. El énfasis debe fluir en dosis mínimas para no caer en la pedantería.

f) Cree un buen «clima» con pausas dramáticas, cuidando de limitarlas a lo más imprescindible.

5. TRATAMIENTO DE LAS INTERRUPCIONES

Las interrupciones son el mejor modo de poner a prueba los efectos de la comunicación oral. No tienen por qué crear situaciones incómodas. Si lo hacen, no siempre son por cuenta de las intenciones del que las provoca. En todos los casos el que habla debe capitalizarlas a su favor a fin de lograr con éxito sus OBJETIVOS.

Por regla general, las interrupciones conllevan el propósito de solucionar una duda. En tal sentido se convierten en excelentes indicadores del interés que suscitan los temas o del grado de atención que se les está dispensando. No suelen ser frecuentes, porque los receptores, en general, prefieren la DUDA a la violencia de preguntar en público. Por este motivo, cuando la interrupción se produce cabe aceptarla de buen grado; escuchar con interés; luego, responder de forma CLARA y PAUSADA. Si es del caso, dar ejemplos, modelos o imágenes que faciliten la comprensión del asunto que se trata.

Ocurre que cuando se produce la interrupción, por un fenómeno típico de la conducta de los grupos humanos, el auditorio se sitúa de parte del que la hizo. Este último se transforma en una suerte de «delegado», que por tal carácter debe ser atendido. Es un «alguien» al que se confía el éxito de su cometido. Una «bandera» que hay que seguir para poner a prueba los conocimientos, el equilibrio y, sobre todo, el APLOMO del que habla. Según sea el comportamiento del orador así será la reacción del público. Se pondrá de su parte o quedará predispuesto para la controversia. En una próxima situación parecida surgirán ánimos contenciosos que contarán con el apoyo de la mayoría. Cada nueva interrupción resultará más agresiva y hará más difícil el desarrollo de la reunión. El clima será proclive a la disputa. La sombra del fracaso dibujará en el rostro de los asistentes su nota de desaliento. Hasta puede ser que algunos opten por retirarse; otros miren sus relojes; otros muestren su intolerancia para con todo lo que se diga, y los más exhiban el ceño fruncido, una expresión glacial, unos ojos vidriosos y fijos en un alarde de claro desacuerdo.

Cuando la interrupción se produce, debe ser atendida con una buena dosis de APLOMO; con expresión bondadosa, franca, clara, despejada, sin reservas de ninguna clase. Invariablemente, los públicos saben LEER en estas actitudes y se aprestan a manifestarse como lo sienten. Una respuesta que evidencia SERENIDAD, AFECTO y buena disposición, robustece su interés y le predispone para ser tolerante en asuntos de mayor importancia. Lo mismo puede decirse de los pequeños fallos, a los que no suelen escapar los oradores más experimentados.

Si las relaciones entre el que habla y su audiencia son óptimas, una suerte de lenguaje toma vida para favorecer la libre comunicación de las ideas. Este lenguaje se concreta en imágenes y sentimientos que denotan una gran receptividad en el público dando al que habla la confianza necesaria para expresarse con tranquilidad.

De un modo o de otro, las interrupciones constituyen un excelente medio que puede servir para separar o para unir; para consolidar un grupo humano en torno a una figura o para descomponerlo en tantos subgrupos como actitudes surjan al estímulo del que lo tiene que conducir. De ahí la importancia de su cuidadoso tratamiento.

6. SITUACIONES ESPECIALES

Es evidente que no todas las interrupciones son hechas para aclarar DUDAS. Las hay, desde las que nada tienen que ver con el tema ni con el acto, hasta las que persiguen poner en rdículo al que habla o frustrar la tarea de los ORGANIZADORES.

Entre tales extremos cabe toda una categoría especial de casos, que por su frecuencia merecen una consideración particular.

a) Acción de los tímidos

Los tímidos suelen adoptar DOS actitudes: Callan o se manifiestan dejando ver un involuntario descomedimiento. Estas reacciones llegan a traducirse por medio de expresiones agrias y hasta violentas. En la mayoría de los casos han «escapado» de sus labios por efecto de un estímulo que no pudieron reprimir. Por esto son los primeros en lamentar la «salida», que de paso les ha sometido a la curiosidad del auditorio.

Como decíamos, los TÍMIDOS, al salir de su silencio, lo hacen por impulso de unas espontaneidades IRREPRIMIBLES. Lo que acaban de oír lesiona sus convicciones, sus creencias o determinados conceptos, para ellos inconmovibles, que se ven forzados a defender. Como actúan por efecto del primer IMPULSO, solo atinan a manifestar su desacuerdo. Por ejemplo, dirán: «¡Eso no es verdad!» «¡Es imposible!» «Esto no se puede escuchar»... Y de ahí, en más, toda una gama de expresiones que podrán resultar, tanto más violentas, cuanto más afectados se consideren. El caso es que lo dicho, dicho está. Con sus palabras han «entrado» en escena sin apenas darse cuenta. La palidez o el rubor los abruma, dicen claramente que NO QUIEREN MÁS. Casi diríamos que «ruegan» porque NO SE LES TIRE DE LA LENGUA, ya que no podrían hacerlo sin empeorar las cosas. Es por esto que, frente a sus reacciones, cabe proceder con precaución. No prestar atención a la «FORMA» con que han expresado su desacuerdo y mirar solo el fondo de lo que pueden haber sentido en ese momento. A fin de superar este tipo de situaciones, tanto para bien del que habla como para bien del afectado, consideramos muy útil sujetarse al siguiente procedimiento.

1. Evitar en lo posible pedirles que repitan la pregunta.
Esto lo juzgamos necesario, porque podría significar
un aumento de la tensión que los domina. La consecuencia recaería no solo sobre el afectado, sino sobre
el auditorio, que podría sospechar un abuso por parte
del orador sobre la supuesta «víctima». (Recordemos
que, de momento, el público se ha embanderado con
el TÍMIDO y hay que recuperar su interés saliendo
BIEN de la situación.)

2. Expresar con palabras apropiadas la duda o recla-
mación, si fue bien escuchada, de modo que solo
tenga que manifestar su asentimiento con la cabeza.

3. Contestar su pregunta o explicar el detalle que mo-
tivó su reacción. Es muy probable que su «salida»
tenga que ver con un malentendido.

En todos los casos téngase presente que hay que escuchar con **atención bondadosa** y que NO SE DEBE PRECIPITAR
LA RESPUESTA, NI VIOLENTARLE CON PREGUNTAS EMBARAZOSAS.

De seguro que la situación quedará zanjada y que el tímido sabrá agradecer este procedimiento.

b) El afán de destacar

Otra forma, quizá la más frecuente de interrumpir, es la
de los que tienen «facilidad de palabra» y se valen de ella
para sobresalir. La interrupción puede consistir en una pregunta, que se apresura a contestar el propio interesado para
demostrar que «sabe». Otras veces la pregunta llevará cierta
carga intencional con ánimo de confundir al que habla. Las
más girará sobre cuestiones que advierte serán tratadas después y que gusta de «anticipar».

Para todos estos casos, creemos que el procedimiento más conveniente, en términos generales, puede sintetizarse como sigue:

1. Aceptar la interrupción evidenciando una calma imperturbable.
2. Precisar la pregunta, si cabe, repitiéndola en ALTA VOZ para que el público la conozca. Luego, contestarla de forma CLARA.
3. Si la pregunta se corresponde con un tema que será tratado más adelante, rogar tenga la bondad de aguardar hasta entonces. Dejar en claro que la observación será tenida en cuenta.
4. Agradecer especialmente la preocupación evidenciada para con el tema.

En los casos de manifiesta reiteración se debe rogar que se tenga un poco de paciencia y pedir que ciertas inquietudes se reserven para posteriores ocasiones, incluso para después de finalizado el acto. Esta solución debe fundarse sobre la falta de tiempo, que obliga a determinada contracción para terminar dentro del horario previsto. EN NINGÚN CASO EL ORADOR DEBE «MIRAR SU RELOJ» EVIDENCIANDO PREOCUPACIÓN POR LA HORA.

c) El eterno disconforme

Trae su carga de vanidad y, con ella, su deseo de «hacer saber» que se encuentra presente. Tiene «debilidad» por las discusiones. Las encamina de forma que terminen en DISPUTA, ya que su «experiencia» le ha hecho comprobar que es el mejor medio de conseguir imponer su VOLUNTAD. Casi diríamos de «lucirse», con su medianía, a costa de los más capaces.

Sus primeros esfuerzos van encaminados a «desarmar» al que habla. Confía casi toda su estrategia en expresiones que signifiquen DESCONFIANZA. Lo primero que pretende es manifestar SUS RESERVAS, para que vayan sedimentándose en el oído del auditorio. Cada giro de sus palabras incita al dilema. Intentará ser mordaz, agresivo, y desprejuiciado si es menester. Puede que diga: «No puede ser»... «No lo veo tan fácil»; tal vez apele a otras expresiones no menos contenciosas que dejen ver su desacuerdo.

No hay tema sobre el que no tenga «clara opinión». Sus actitudes coinciden con su tendencia por demostrar a TODOS su capacidad. Hace propicios los encuentros para poner a la vista sus «ecuánimes deducciones», sus «juicios superiores»: «Me va a decir a mí»...; «Vamos, hombre, si eso está muy claro»; «Si lo sabré yo»... Con todos sus movimientos, **deja a la vista sus irritantes cualidades.** Gracias a ellas puede «hacer caer» a más de un prudente en la discusión, y de ahí en la disputa, que es su «verdadero fuerte». Sus artilugios solo tienen como intención GANAR; nunca aproximarse sanamente a la verdad. No quiere acrecer en sus conocimientos, urdidos en charlas de café y en comentarios de literatura ligera. Está por «encima». Le guía, también, un «gran conocimiento «PRÁCTICO» de la vida y de las cosas. Con ello juega a cara o cruz los méritos de su «limitada» capacidad de VER y de SENTIR; de comprender y de estudiar.

En estos casos siempre que no se trate de insultos o desprecios con ánimos de ofender, convendrá tener en cuenta:

1. Aceptar con calma la interrupción. Pese a sus actitudes, mostrarse con AFECTO y con SENCILLEZ.

2. NO CAER EN EL DIÁLOGO, que es lo que de ordinario persigue; es su «fuerte».
3. Dejarle hablar. Invitarlo a proseguir de forma que la IMPROVISACIÓN le sirva para dejar a la vista sus despropósitos, la inconsistencia y la falta de profundidad de sus argumentos.
4. Tomar la palabra para salir de la situación, dejando claro que resulta mejor CONTINUAR que DISPUTAR. Después de todo la mayoría de la concurrencia pretende recibir una exposición COHERENTE, COMPLETA y BIEN PREPARADA sobre el tema que les haya convocado.

d) Las ofensas

Para con las ofensas se debe asumir una actitud DIGNA y PROSEGUIR sin darse por aludido. En los muy determinados casos en que la ironía, ofensa o desprecio son captados claramente por la mayoría del público, convendrá prestarle atención. En estas situaciones lo mejor será que el que habla se mantenga por ENCIMA de tales conductas. Que deje ver que NO LE ALTERAN y que prosigue, puesto que SE DEBE AL TEMA Y A SU COMETIDO.

✳ ✳ ✳

Contestar a una ironía con otra más acusada fue símbolo de habilidad en ciertos ambientes, pero no por ello sirvió para dar, al ágil «esgrimista» verbal, más que un lamentable prestigio. Por otra parte, tales «manejos» con el lenguaje suelen resultar peligrosos y de consecuencias imprevisibles.

En general, las OFENSAS, y otras acciones parecidas, como las réplicas desconsideradas, las insinuaciones desagradables o de mal gusto, hacen «mella» en el orador cuando trata de sobresalir actuando VANIDOSAMENTE, en lugar de «darse», actuando GENEROSAMENTE. En verdad que resulta difícil sustraer al orador de cierta «dosis» de vanidad; pero también es cierto que la vanidad, aun en ínfimas proporciones, puede ser responsable de su fracaso.

Como el que habla tiene que causar «buena impresión», todo lo que ataque «SUS MÉRITOS» desquiciará sus nervios. Sin HUMILDAD, hasta la salida más baladí le hará proclive al descontrol y a la violencia. Partirá del equívoco de pensar que «TODO» se produce con intención de contrariar «su buen papel». Cuando, de entre el público, alguien se vuelva para comentar con un vecino, «leerá» en ese acto la presunta «crítica despiadada». Siempre resultará así. Partiendo del extremo en que la vanidad le sitúa, todo le será contrario y quizá hasta amenazador. En lugar de aprovechar los ligeros contratiempos en beneficio de sus objetivos, actuará para que le sirvan como antesala de su fracaso.

e) Cuestiones excepcionales

Son las situaciones que se crean inesperadamente, como la enfermedad o la muerte de alguno de los presentes. En tales casos el que habla tiene que asumir el rol de GUÍA y disponer la acción más rápida y conveniente. Invitará a los asistentes a conservar la calma y el sitio. Solicitará un médico entre la concurrencia y tomará las medidas oportunas para suspender el acto, sea de forma transitoria o definitiva.

En otras situaciones también procedería la suspensión del acto. Es el caso de la embriaguez o del ataque de locura; sea de un oyente o de alguien que se presenta bajo tales condiciones. Tanto para la embriaguez como para la locura, está claro que deben suspenderse las actividades hasta tanto los organizadores consigan NEUTRALIZAR al insano o intoxicado.

Ofrece un matiz más particular el problema de la NEUROSIS, dado que el desequilibrado puede tener todas las características de la persona normal. Su comportamiento cuando sufre depresiones críticas es, en muchos casos, abiertamente ofensivo y hasta pendenciero; nada le viene bien. Todo cuanto se le diga será motivo para que prosiga levantando el tono de su voz buscando hacerle «perder los estribos» al interlocutor. Las situaciones óptimas que persigue para SU «descarga nerviosa» son aquellas en que tendrá ocasión de ofender a la JE-RARQUÍA y hacerle perder violentamente la paciencia, metiéndole en su despreciable juego. Lo increíble del caso es que la terapéutica le produce excelentes resultados y regula su tensión cuando se encuentra al borde del colapso. Por supuesto, quien queda con los nervios deshechos es la víctima elegida o casual: el orador o algún mediador pacífico que se haya tomado la molestia de intervenir para «calmar los ánimos» [3].

En estos casos procede también la suspensión del acto, hasta que la persona neurótica se retire por sus propios medios o a requerimiento de los organizadores. Luego se

---

[3] Desgraciadamente, estos casos son cada vez más frecuentes. No se limitan al ámbito de situaciones excepcionales en el ejercicio de la oratoria. Hacen aparición en las empresas, en la Administración y en el AULA; allí donde se da cita el trabajo más o menos organizado de grupos humanos. Es un mal propio de las «agitaciones» de nuestro tiempo.

podrá continuar como si nada hubiera sucedido. Hay que restar toda importancia a tales interrupciones. Es esta, quizá, la fórmula más efectiva de superarlas.

7. EMPLEO DEL CHISTE Y DE LA OCURRENCIA: FORMAS Y OPORTUNIDAD

El empleo del CHISTE o de la OCURRENCIA depende de varias circunstancias. Tienen la bondad de quebrar la monotonía del discurso. Hacen que la relación se vea favorecida con matices atractivos y simpáticos que le darán el equilibrio necesario para cuando lleguen los asuntos importantes. Permiten soportar las partes áridas que muchas veces son insalvables. Distienden al público, haciéndole permeable para la recepción de las ideas esenciales. Por todo ello, tienen que ser empleados con CAUTELA y cuidado de no hacerlo sino en los momentos PRECISOS. Es obvio decir que estarán condicionados por el tema, por las habilidades del que habla, por la fuerza motivadora de su contenido, por la NOVEDAD, por las costumbres del lugar y por el público que habrá de recibirlo.

Como el tema de un discurso tiene que desarrollarse dentro del marco conveniente, la selección del CHISTE o de la OCURRENCIA no estará exenta de dificultad. Es por esto que no pueden darse normas sobre la forma más afortunada de expresarlos o de elegirlos. Por tal razón nos vemos precisados a sugerir unas recomendaciones de tipo general, que resumimos como sigue: TIENE QUE SER «AMABLE»; lo que equivale a NO SER TEMIDO. BREVE y FORMULADO «A TIEMPO». No versar sobre la raza o la religión. En lo tocante al humor, tener como referencia la PROPIA PERSONA DEL QUE HABLA. En caso de tratarse de un público con mayoría de personas jóvenes, EVITAR PONERSE a «SU NIVEL» o intentar ser UNO DE ELLOS.

Tenemos que aceptar que tanto el chiste como la ocurrencia no son esenciales en la oratoria dirigida hacia públicos hispanoparlantes, y que son solo un auxilio para los que saben emplearlos. Tienen que poder insertarse con comodidad en los lugares adecuados. Esto significa que no solo deben adaptarse bien al fondo del tema, sino «amoldarse» para ser útiles al público que los reciba. En este sentido cabe afirmar que si el chiste o la ocurrencia NO HAN PRODUCIDO EL EFECTO DESEADO, NO HAY QUE INTENTAR «SALVARLOS». Es preferible dejarlos «morir» y seguir adelante.

Por último, señalaremos como muy útil que el HUMOR SEA «PROPIO» y **vaya directo al asunto.** Esto requiere la necesidad de «ponerse a prueba», «empleándose a fondo» en reuniones sociales con diversos grupos de personas. Si la norma regular es el fracaso, quizá no convenga usar del HUMOR al hablar en público. No obstante, somos del criterio que, también en esto, el ser humano es PERFECTIBLE, y si se lo propone, puede lograr resultados por vía del adiestramiento. Para ello, hemos seleccionado tres ejercicios: los dos primeros de ASOCIACIÓN, y el segundo DIRECTO. Tienen por finalidad estimular la OCURRENCIA Y LA OPORTUNIDAD.

Los ejercicios de ASOCIACIÓN deberán contribuir además al aprovechamiento más efectivo de la capacidad de memoria, sirviendo por esto a DOS objetivos igualmente prácticos. Consisten en SERIES DE PALABRAS que habrán de vincularse de forma que la RELACIÓN SEA COMPLEJA. Pondremos, por tanto, ETAPAS OBLIGADAS a cubrir, que impidan llegar por vía lógica simple a la relación correspondiente.

Un sencillo ejemplo facilitará la comprensión del procedimiento a seguir con los ejercicios. Consideremos la relación DIRECTA: PEZ-AGUA. La lógica nos dice que un PEZ, para ser tal, tiene que vivir, y solo vive normalmente en el AGUA. Por tanto, la vía DIRECTA de relación sería que, al escuchar PEZ, le vinculemos fácilmente con el AGUA. Pasando a nuestros ejercicios de RELACIÓN-COMPLEJA, tendremos que RELACIONAR dos palabras, pasando a través de DOS etapas-relación intermedias; por ejemplo: LIBRO y MAR. Estas dos palabras NO GUARDAN relación lógica DIRECTA. Mejor dicho, no la sugieren. El esfuerzo de asociación consistirá en LOGRAR ASOCIARLAS en DOS ETAPAS OBLIGATORIAS. Así, resultaría: LIBRO-VACACIONES-CRUCERO-MAR.

Siguiendo las orientaciones expresadas, practique completando las relaciones de las listas de palabras de los ejercicios 1) y 2). En el número 1), la relación-asociación OBLIGATORIA es de DOS palabras intermedias; en el 2), la misma relación se eleva a TRES. Una vez completadas, prosiga creando por su cuenta nuevas oportunidades de ejercitación. El esfuerzo de ASOCIACIÓN costará en un comienzo, pero luego resultará divertido, y cada vez más fácil.

EJERCICIOS

1.

radio	....	....	tertulia
alfiler	....	....	asado
mar	....	....	sierra
diario	....	....	bala
nevera	....	....	contento
mesa	....	....	tinta
abeja	....	....	cigarros
circo	....	....	dinero
lápiz	....	....	pintura
cabello	....	....	hueso

2.

reloj	....	....	....	gloria
tina	....	....	....	tren
esclavo	....	....	....	esposa
madera	....	....	....	cerradura
escudo	....	....	....	tortuga
hormiga	....	....	....	marciano
cartera	....	....	....	yacaré
camisa	....	....	....	tesoro
aceite	....	....	....	huevos
niño	....	....	....	terremoto

3. Reconstruya cualquier conversación en la que haya tomado parte. Amplíela. Intente incluir el HUMOR. Vea qué posibles AGUDEZAS cabrían en función de los temas tratados. Haga que su esfuerzo vaya más allá de la simple respuesta imaginaria. Teatralice la situación e intervenga en alta voz. De ser posible, GRABE con un magnetófono su intervención. Luego perfecciónela. **Repita dos veces por semana el entrenamiento.** Poco a poco percibirá sus progresos. Llegará a «brillar» por sus ocurrencias.

Una vez que haya logrado buenos resultados con los entrenamientos precedentes, tenga en cuenta que el HUMOR debe recaer sobre detalles, animales y todo aquello que, deliberadamente, EVITE particularizar acerca de personas determinadas. Salvo, claro está, que se trate de experiencias, matices y situaciones «vividas» o apreciadas por quien intenta provocarlo, o «a su costa». En todos los casos el éxito dependerá de los cuidados que se prodiguen al «administrar» el HUMOR.

La conquista del público comienza por la del propio aplomo.

RESUMEN

La conquista del auditorio

TÉCNICA DE LAS PRESENTACIONES

Es una buena costumbre la de presentar al orador. La ley por la que cabría regirse se sintetiza en las siguientes palabras: BREVEDAD, MESURA, MODESTIA.

En apretada síntesis digamos que una buena presentación no debería rebasar los cinco minutos. Debe desdeñarse el lucimiento del presentador y medir los elogios al orador. No tiene que exagerarse los hechos ni penetrar dentro del tema incurriendo en alusiones que el presentado no haya pedido.

MENTALIDAD DE LOS RECEPTORES

Un auditorio suele ser muy inestable en sus estados de atención, pues casi todo tiende a parecerle más atractivo que resignarse a «ESCUCHAR». Por esto, al hablar en público, deben cuidarse infinidad de detalles. Desde los que conciernen a la conducta del orador, que NO DEBE JUGAR CON NADA, hasta los de su imagen personal, que ha de servir en todo momento a los intereses de la comunicación.

Como grupo humano hay que tener presente que el público suele tender a la *afirmación de la unidad* y a la *aclamación del poder de mando.* Por tal motivo, en la medida en que «crezca» convendrá reducir los argumentos detallados y en su lugar reunir las emociones comunes, las experiencias y aspiraciones que se quieren compartir.

RECURSOS CORPORALES AFECTIVOS

El cuerpo y la imagen tienen poderes afectivos que deben ser utilizados para hablar bien en público. En una simple enumeración tengamos en cuenta los siguientes: conservar los pies paralelos en armonía con el equilibrio total del cuerpo; exhibir las palmas de las manos; inclinar la cabeza hacia uno u otro costados; pronunciar la visión del tórax; proyectar adelante los dedos de las manos y de los pies; invertir el orden del énfasis de forma que un ademán advierta sobre el sentido de las próximas palabras; potenciar la expresión de los párpados y de las cejas; llenar la voz en las notas bajas. Por último, citemos al que abarca a todos estos: la EXPRESIÓN ORAL VITAL; es decir, conducida entusiásticamente por el esfuerzo de significar «corporalmente» aquello que se dice.

MONOPOLIO DE LA ATENCIÓN Y MANEJO DE LAS PAUSAS

En el monopolio de la atención hoy se impone la claridad. La sencillez es la FUERZA. Las palabras precisas, viejas, cortas, corrientes, sin alardes. La mentalidad del que escucha reclama «VERDADES». De la rimbombancia de las palabras vanas hay que pasar al SIMPLE de las que pintan el pensamiento serio, maduro, transparente. Hoy monopolizar la atención es sinónimo de ENTREGA, de sentir en lo profundo del corazón lo que se dice y ser el primero en practicarlo y en creerlo.

Las pausas son algo así como la puntuación de la expresión oral, pues permiten que el que habla «respire» y «deje respirar» a los demás. Contribuyen a crear un buen clima y consiguen que los oyentes piensen cuando es necesario.

TRATAMIENTO DE LAS INTERRUPCIONES

En general, las interrupciones ponen a prueba los efectos de la comunicación oral. Por esto el orador debe procurar aprovecharlas en su favor. La mayoría de las veces tienen por objeto solucionar una duda, y deben ser escuchadas con el mayor interés. En sus formas corrientes las interrupciones son un excelente medio que puede valer, bien para separar, bien para unir. De ahí la conveniencia de que sean siempre atendidas con acusada SERENIDAD, AFECTO y buena disposición.

SITUACIONES ESPECIALES

No todas las interrupciones suelen provocarse para allanar dudas. Las hay que no tienen nada que ver con el tema ni con el acto, que solo pretenden poner en ridículo al que habla o frustrar la tarea de los organizadores. En fin, toda una gama de posibilidades, de las que seleccionamos las más características:

- **Acción de los tímidos.** Los tímidos suelen manifestarse de forma más o menos violenta, estimulados por espontaneidades IRREPRIMIBLES. Actúan por efecto del primer impulso y sufren por haber quedado «al descubierto». Por eso debe uno volverse hacia ellos con actitud bondadosa, evitando precipitar la contestación o violentarles con preguntas que obliguen a complicadas respuestas.

- **El afán de destacar.** No pocos de los que tienen «facilidad de palabra» se valen de ella para «sobresalir» En tales casos se impone una calma imperturbable para precisar la pregunta, repitiéndola para que todos la conozcan. Luego, contestarla de forma CLARA y PRECISA; a ser posible, con ayuda de un oportuno ejemplo.
- **El eterno disconforme.** Tiene «debilidad» por las discusiones, que el orador avezado sorteará por todos los medios evitando caer en el diálogo. Cabe dejarle hablar invitándole a proseguir de forma que la IMPROVISACIÓN le sirva para dejar a la vista sus despropósitos y la inconsistencia de sus argumentos.
- **Las ofensas.** En estos casos se debe asumir una actitud digna y proseguir sin darse por aludido. En situaciones más complicadas denotar serenidad y dejar entendido que quien habla está obligado a continuar con su tema y a cumplir su cometido.
- **Cuestiones excepcionales.** Son aquellas que se presentan inesperadamente y que conllevan su dosis de desconcierto. En casos extremos, como accidentes, enfermedad, muerte, apagón, etc., es conveniente la suspensión del acto con la guía del orador, quien se convertirá en el conductor de la solución propicia. Superado el suceso, el acto puede continuar.

EMPLEO DEL CHISTE Y DE LA OCURRENCIA. FORMAS Y OPORTUNIDAD

El chiste y la ocurrencia tienen la propiedad de quebrar la monotonía del discurso, disponiendo favorablemente al auditorio, y se hallan condicionados por el tema y las personales habilidades del orador. Caso de que no produzcan el efecto deseado, NO HAY QUE INTENTAR «SALVARLOS»; es mejor seguir adelante. El humor debe ser «propio» e ir directo al grano.

TABLA DE EJERCICIOS

EMPLEO DEL CHISTE Y DE LA OCURRENCIA

Ejercicio 1. Se trata de una práctica de asociación-compleja con DOS palabras intermedias. Como el siguiente, predispone para la más ágil composición de relaciones. Tienen que realizarse diariamente utilizando dos o tres propuestas de asociación.

Tiempo: Los resultados se aprecian al cabo de unos tres meses de prácticas regulares.

Ejercicio 2. Repetimos lo apuntado para el anterior. Aquí la asociación-compleja tiene TRES palabras intermedias, lo que aumenta proporcionalmente su complejidad. Las prácticas diarias pueden efectuarse alternando propuestas de asociación de los dos ejercicios.

Ejercicio 3. Debe realizarse regularmente DOS o TRES veces por semana, según el problema personal. Demuestra que toda persona que se entrene convenientemente puede lograr discretos niveles de ocurrencia y oportunidad.

Prácticas de expresión oral-corporal y coordinación física

ESCALÓN VI

1. Actuación de sentados «en círculo» con los asistentes, sin elementos delante

   a) *Forma de sentarse*
   b) *Soltura corporal expresiva: acción de torso y cabeza. Límites a la expansión de los ademanes*
   c) *Regreso al punto de partida*

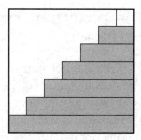

HEMOS TRATADO sobre diversas modalidades de la acción corporal en orden a la forma de actuar en público. Las más difundidas son aquellas en que quien habla lo hace de pie sin nada delante o detrás del atril, barandilla o mesa. También, sentados a una mesa o escritorio. Veremos ahora otra modalidad que consiste en actuar **sentados,** pero **sin nada delante.**

Este procedimiento es poco conocido, pero no por ello resulta menos útil para determinadas circunstancias. Es una suerte de acción «patriarcal» que produce muy buenos efectos en la expresión oral más «íntima»; es decir, aquella que tiene como finalidad tratar cuestiones referidas fundamentalmente a la conducta de los hombres, y a los temas de meditación sobre principios morales o religiosos y aquellos que persiguen algún tipo de colaboración para mejorar el orden social o comunitario.

Hemos dicho expresión oral «íntima», lo que no quiere decir de poca concurrencia, sino referida de forma particular a los sentimientos de los asistentes. No obstante, su campo de aplicación va extendiéndose, podríamos decir, en la misma medida en que se recurre a nuevas formas de comunicación para hacer más efectivo el trabajo de los grupos humanos y fomentar el espíritu de COOPERACIÓN.

1. ACTUACIÓN DE SENTADOS «EN CÍRCULO», SIN ELEMENTOS DELANTE

Esta forma de «mostrarse» abiertamente, pero de sentados, tiene pequeños detalles que conviene respetar para dar a la imagen toda su fuerza comunicativo-persuasiva. Era la modalidad de César..., la de la imagen digna por excelencia. Pese a la quiebra de la figura que la postura de sentados implica, tiene que surgir «limpia», por efecto de la posición del torso, de los brazos y de las piernas. La imagen de «CÉSAR» viene dada por el conjunto armónico del cuerpo ERGUIDO SIN AFECTACIÓN Y SIN DUREZA; de ahí que resulte ser eminentemente ACTIVA. No debería dar la sensación de «descanso», sino dibujarse plásticamente, adaptándose al énfasis de lo que se diga. Esto la convierte quizá en una de las actitudes más difíciles dentro del marco de posturas que se avienen con las más diversas posibilidades de hablar en público.

Habíamos dicho que conviene respetar pequeños detalles. Comencemos por el elemento sobre el cual hay que sentarse. Para «ver» lo más perfecto, tenemos que regresar a César. El sillón romano SIN RESPALDO, de asiento ancho y poco profundo, con dos apoyabrazos ligeramente vueltos hacia el exterior. Esto sería lo ideal. No resultando «corriente» disponer de tal elemento, tendríamos en cuenta lo más aproximado que ofrezca el mobiliario clásico y moderno. En primer lugar, el asiento tiene que consistir en un siloncito ANCHO, muy holgado en relación con las proporciones del cuerpo de quien lo vaya a utilizar. Con apoyabrazos CORTOS, poco profundos y bajos; de respaldo VERTICAL o lo más cercano a tal posición. El conjunto tiene que permitir mostrar una figura sentada ERGUIDA, pero NO

resultando como si lo hiciera en la punta del asiento...
Con el sillón más apropiado posible, comencemos con la
práctica.

a) Forma de sentarse

Coloque el sillón en el sitio escogido para practicar. Aléjese cuatro metros más o menos de dicho lugar. Imagine un
auditorio en semicírculo y orientado hacia el sillón. Comenzamos: «Afine» la garganta. Termine los detalles de su arreglo
personal. Encamínese hacia donde ha de hablar. Al llegar,
dirija su mirada primero hacia el sillón, luego al suelo, para
girar con pequeños pasos hasta quedar de espaldas al sillón
y frente al público. Aún NO PUEDE SENTARSE. Levante la vista.
Mire al auditorio. Vuélvase para mirar **displicentemente** al
sillón; tórnese hacia el frente otra vez, pero con la cabeza y
la vista bajas. Siéntese. No levante todavía la vista. Acomó-
dese. Sitúe su cuerpo en postura «social» (al fondo del asiento).
Arregle los pliegues de la vestimenta. Asegúrese de haber
quedado en el sitio CON COMODIDAD. Ahora, levante lentamente la cabeza hasta situar su mirada a la altura del auditorio. Imagínelo si no lo tiene enfrente. Mírelo con AFECTO
y actitud bondadosa mientras cuenta mentalmente hasta
DIEZ. Su rostro debe aparecer sonriente, amable.

b) Soltura corporal expresiva: acción de torso y cabeza. Límites a la expansión de los ademanes

Repita TODOS LOS DETALLES de la práctica a), hasta que deba
comenzar a hablar. Hable por espacio de CUATRO MINUTOS.
Al hacerlo, cuide de completar el énfasis de sus palabras NO

TANTO CON SUS MANOS ni con sus brazos, sino CON «SU CUERPO». SU TORSO tiene que «pronunciarse» con movimientos que lo lleven a modificar la presión que le sostiene ERGUIDO, para hacerle VIVIR diversas posturas que acompañen a ciertas partes de la exposición. Luego, según sea lo que dice, tórnelo a la posición ERGUIDA. Esta vuelta a la postura «de base» debe coincidir con las afirmaciones más concluyentes, con las cuestiones más importantes, con los argumentos más sólidos.

Al terminar diciendo las palabras del cierre, vuelva otra vez a **pronunciar con todo su cuerpo.** Tenga presente que NO DEBE MOVER LAS PIERNAS, que tendrían que permanecer «durmiendo» todo el tiempo. Si tiene que moverlas, aproveche los momentos en que se propone distender a su público; cuando se desplaza para apoyarse francamente en el respaldo como colofón de las palabras que LLAMAN A LA SERENIDAD, al sosiego, al reposo... DESPUÉS DE LA ACTIVIDAD.

¡GRACIAS! ¡MUCHAS GRACIAS!... ¡MUCHAS GRACIAS!... Termine con el saludo cordial, SIN REVERENCIAS. Digno, lleno de afecto, de sencillez, de sincero agradecimiento. ¡Gracias! ¡Muchas gracias!... Que estas palabras suenen claras. Casi audibles para todos. Dígalas DOS VECES, a lo sumo TRES. No se prodigue demasiado. Que no se deslice, con su manera de agradecer y de saludar, algún efluvio de vanidad. Lo ideal sería que su conducta total evidencie que los resultados conseguidos provienen de una suerte de «confiado abandono» por el cual el VERBO ha producido todos sus efectos. Un «abandono» que se nutre con el soporte de las causas NOBLES: de las que se abrazan para terminar siendo de algún modo, y manera, útiles a los demás. Con estos sentimientos, la expresión oral-corporal fluye gracias a valiosos estímulos que revierten imágenes apacibles y agradablemente NATURALES.

c) Regreso al punto de partida

Realice completas las prácticas *a)* y *b)* hasta que consiga desenvolverse con afectividad y SOLTURA.

Al terminar, cuando esté agradeciendo los aplausos, dispóngase para componer la imagen final y retirarse al lugar de partida.

¡Gracias!... ¡¡Muchas gracias!!... Ahora, sin prisa pero sin pausa, baje la cabeza, y con ella su mirada. Mire **al suelo.** Dispóngase a ponerse de pie. Afirme las manos en los apoyabrazos. Levántese.

Al ponerse de pie debe quedar mirando al suelo. Luego, moviendo el torso hasta conseguir la postura erguida, levante la cabeza y la vista. Encamínese hacia su lugar de origen. Al hacerlo, demuestre plena CONCIENCIA DE SUS MOVIMIENTOS. Descanse.

Practique hasta conseguir que su cuerpo vibre con cadencias armónicas al ritmo de su vocabulario.

7

Expresión oral y comunicación del pensamiento

1. EXPOSICIÓN ORAL «FLEXIBLE»: CONTENIDO Y FORMAS

HAY TRES PROPÓSITOS a los que suele circunscribirse la exposición oral en público: mover a la acción, comunicar informes y expresar sentimientos. Estos propósitos, independientemente considerados, determinan la piedra fundamental de la elocuencia: SABER **PARA QUÉ** SE HA DE HABLAR.

La conciencia de lo que se quiere hacer o conseguir debe orientar la preparación del trabajo, con la seguridad del faro que conduce a buen puerto. Esto no significa que cualquier exposición, bien dirigida, tenga que seleccionar una forma de elocuencia con exclusión de las otras dos. Por el contrario, reclama la mira hacia el OBJETIVO, y con su guía combina TODOS los valores útiles para conseguirlo.

La presentación de ciertos conocimientos puede venir apoyada por el humor de cualquier anécdota bien escogida. La dignidad del informe oficial no tiene necesariamente que marginar recursos que favorezcan adhesiones comunitarias en pro de determinados proyectos. Un discurso con fines de venta puede hacer «perder una operación» y ganar sólidos vínculos comerciales para el porvenir. Esto puede ser así, porque lo que no forma parte de la exposición es el plazo cierto en que ha de producir sus efectos.

✳   ✳   ✳

¿Cómo proceder para lograr una exposición oral apropiada? Comencemos por señalar que la moderna oratoria distingue tres partes perfectamente diferenciadas en su contenido: la INTRODUCCIÓN, el CUERPO y la CONCLUSIÓN. A cada parte le corresponde una responsabilidad específica. La IN-TRODUCCIÓN debe **fijar el objetivo;** el CUERPO tiene que hacer **ver EN QUÉ consisten los argumentos** que respaldan ese objetivo. La CONCLUSIÓN **tiene que afirmarlo y dejarlo claramente fijado.** Este concatenamiento de las partes no significa su distribución en compartimentos estancos; por el contrario, deben discurrir de tal forma que muestren la compenetración armónica propia de la UNIDAD.

La introducción y la conclusión tienen DOS responsabilidades adicionales: la primera disponer los ánimos del auditorio para **recibir el objetivo;** la segunda tiene que COLOCAR el «broche de oro»; cerrar REMACHANDO el principio expuesto. Es lo que, en definitiva, la gente ha de «llevar a su casa». No la síntesis. No el resumen de cuanto se haya dicho, sino la **nota impresionante** que le arrancó su aplauso.

El cuerpo ha de constituir el elemento «flexible» por antonomasia. En el trasiego de su fluir los temas vendrán siendo presentados de modo que conserven un espíritu novedoso y expectante. Sus giros inesperados se ocuparán de SOSTENER la atención del auditorio. El, «EN QUE», ha de resultar un producto que surja **coherente y continuo,** lo que presupone **construir** de forma que los subtemas de los temas principales tengan una cierta autonomía y a la vez la cualidad de su fácil unión. La exposición así presentada cobra una flexibilidad capaz de permitir modificar a voluntad su extensión, lo que, a su vez, solucionará los problemas que puedan surgir respecto del tiempo disponible para hablar.

2. Construcción del esquema de base

Quien se dispone para hablar en público cuenta con determinadas ideas que pugnan por manifestarse y SIENTE la necesidad de comunicarlas. Se han forjado a fuer de rumiar pensamientos y de hacer experiencias. En cierta medida TODOS los seres humanos, sanos y maduros, tienen «algo suyo» que aportar. Esa especie de «propiedad» es la que hay que descubrir cuando llega la hora de prepararse, y es por ahí por donde hay que comenzar a trabajar.

Dejando de lado a los que confían en expertos logógrafos lo que tienen que decir, quien deba prepararse ha de buscar el modo más idóneo de hacerlo a conciencia, y para ello existen diversas técnicas. Aquí vamos a presentar la que según nuestro criterio rinde mayores favores a la hora de verter ideas originales. No porque siempre haya que expresar «novedades» en orden al contenido, sino porque se puede sentir la necesidad de decir lo que otros han dicho, de una forma particularmente nueva.

Por estas razones no somos partidarios de sugerir lecturas, ni de comenzar apelando a recursos bibliográficos. Cuanto mayor sea el valor de lo que haya de comunicarse, mayor será la razón de «bucear» en la propia interioridad por vía del esfuerzo y de la reflexión. Después habrá posibilidad de suministrar cuanto haga falta para completar el propio pensamiento, enriqueciéndolo convenientemente. El procedimiento que sugerimos es el siguiente:

1. Determine, **con claridad y POR ESCRITO,** el OBJETIVO [1] de su exposición, teniendo presente a los destinatarios.

2. Escriba TODO LO QUE SEPA sobre el tema principal y los que surjan vinculados con él. Hágalo «al correr del lápiz», sin guardar el más elemental cuidado literario, sin orden, con SINCERIDAD. A medida que los pensamientos se sucedan, déjelos por escrito. Trate de llegar a **decirlo «todo»** en unos cuantos folios.

3. Lea cuidadosamente el original y marque con números y otras señales los temas que encuentre referidos a un mismo asunto. Advertirá, por ejemplo, que una misma cuestión viene siendo tratada en el folio 1, en el 3 y en el 4. En los párrafos que esto suceda deje la señal o el número que corresponda. Haga este trabajo con todo el escrito.

4. Coja una tijera. Recorte todos los párrafos a los que les haya correspondido un determinado número. Agrúpelos pegándolos en orden correlativo sobre folios nuevos. Cuando termine, tendrá el material **ordenado por temas.**

5. Subraye con ayuda de lápices de colores aquellas líneas que expresen ideas principales, asignándoles un determinado color; con otro, las que se subordinen a estas, y con otro, las que complementan a las últimas.

---

[1] Recuerde que un OBJETIVO debe sintetizar lo que se desea obtener y «DESCRIBIR» las consiguientes CONDUCTAS; es decir, «mostrar» en ACCIÓN los resultados que serán confiados a los efectos del discurso.

6. Tiene ya los puntos principales: 1, 2, 3, 4. Tiene también los subtemas: 1*a*, 1*b*, 1*c*, 2*a*, 2*b*. Revíselos. Seleccione un conjunto limitado de ideas principales. POCAS, pero buenas: 1, 2, 3. Tiene también los subtemas: *a*), *b*) o *a*), *b*) y *c*) de cada tema principal. El «esqueleto» habrá quedado a la vista.

Habrá «descubierto» el PLAN. Confeccione con este material una síntesis propicia y pásela «a limpio».

Mediante la tarea precedente, el **esquema de base** queda en condiciones de prestar sus servicios. Con esta guía puede comenzar a redactar el primer ORIGINAL.

3. COLABORACIÓN DEL SUBCONSCIENTE

El esfuerzo prodigado para lograr el PLAN estimula la gestión del subconsciente, que comenzará a «trabajar» ininterrumpidamente, de día y de noche. Es la puesta en marcha de su capacidad creadora. No cejará hasta dejar concluida su misión. Es el tiempo de las «notas»; corresponde tener siempre a «mano» los elementos necesarios para recogerlas. El subconsciente no tiene horarios, y en los momentos menos pensados hará gala de sus méritos con el aporte de la inspiración, que se presentará fugazmente. Allí, en ese instante, habrá que plasmar por escrito sus envíos. Mientras tanto, conviene volver a mirar el borrador primitivo, analizar las ideas y ver de llenar todos los «claros» con el aporte de oportunas lecturas.

¿Cuánto tiempo debe durar esta vigilia?... El tiempo sin plazo de la MADUREZ. Cuando todo haya quedado a punto, la claridad de los propios pensamientos invitará a

PRONUNCIARSE y a ESCRIBIR. En los compromisos más trascendentes, con plazo FIJO, el tiempo de preparación no debería bajar de UN MES. Si la responsabilidad es menor y solo necesita ordenar unos pocos pensamientos para exponerlos en contados minutos, el tiempo de preparación puede reducirse proporcionalmente. En todos los casos, no debe ser inferior a UNA SEMANA.

De todas formas, no hay que esperar a que llegue la «inspiración». La madurez avanza con el ESFUERZO. Por eso, cuando se tengan suficientes elementos, cabe probar otra vez. ESCRIBIR. Desarrollar las ideas sobre el papel a fin de traducirlas en expresiones concretas. Esta tarea servirá para que un proceso de interacción de «fondo» y de «forma» vaya dando luz a los verdaderos pensamientos. A fuer de explicar ideas, revertirán las **claridades.** Muchas veces la falta de «transparencia» dejará ver que aún es el tiempo del ESTUDIO. La preparación prosigue con la tarea de escribir. De ser posible, TODOS LOS DÍAS hay que elaborar un poco. Esto es válido también para dar un «tono» de actividad a la marcha y para evitar las periódicas **entradas en materia,** que tanto tiempo suelen hacer perder. Además, mantiene latente un estado de «atención inteligente» que se dirige hacia el TODO y que facilita la tarea.

4. MOVILIDAD DE LOS NIVELES DE ABSTRACCIÓN

Explicar por escrito cuanto haya que decir es materializar la preparación, y esta labor se traduce en el esfuerzo de volcar ideas y sentimientos en el papel. Esto, por ahora, sin «pulir». Simplemente con un orden y una longitud suficiente. No obstante, será preciso cuidar de que cuanto se pretenda decir deberá tener buenas posibilidades de «llegar a su destino». Para esto se hace necesario tener en cuenta que la mente humana se mueve dentro de determinados **niveles de abstracción.**

Este proceso de abstracción resulta indispensable, pues implica, para con todas las cosas, escoger unas características y despreciar otras. En el quehacer del lenguaje, la tarea se cumple de forma permanente. Por esta razón no debe preocupar si las abstracciones pertenecen a un alto o bajo nivel, sino si pueden ser **referidas a niveles inferiores.** Por ejemplo, si decimos que García es un maestro carpintero que hace muy buenas «sillas», la abstracción cuenta con un nivel bastante «bajo», aunque omite muchos elementos. Es el caso de la expresión «muy buenas», que por no tener referencias no contribuye a explicar aquello que se pretende decir. Si avanzamos y decimos que el maestro carpintero García hace muy buenos «muebles», formulamos una abstracción más elevada. Incluye no solo a las sillas, sino también a las camas, armarios, sillones, mesas y tantos otros elementos. Podemos seguir escalando y decir que los «maestros carpinteros españoles» son los mejores del mundo, y nos enfrentaremos a innumerables posibles referencias. Dentro del lenguaje cotidiano el mal no sería tan grave, porque apenas si constituiría un vicio lamentable pero intrascendente. En orden a la palabra en público, el problema se complica. Se llenan las expresiones con vocabularios ambiguos, sin referencias posibles, que fomentan el escepticismo entre los llamados a escuchar. La incredulidad crece y nacen los conceptos deformados que tienden a convertir a todas las comunicaciones en meras «cuestiones de palabras». Es el proceso que ha producido un tremendo deterioro en el arte de hablar en público.

Al construir la futura exposición, habrá que tener en cuenta que las cuestiones de base puedan ser referidas de tal forma que la mayoría CAPTE BIEN EL SIGNIFICADO. Esto quiere decir que el que habla tendrá que «derivar», permanentemente, de los ALTOS a los BAJOS NIVELES DE ABSTRACCIÓN. Es la marcha obligada de los que saben expresarse con claridad y buen sentido. De los que elaboran y conjeturan, pero que llegan a concreciones útiles. Sus tareas combinan construcciones de distinta altura y alternan los niveles verbales con las comprobaciones. Avanzan vinculando los conceptos con los hechos, las definiciones con la observación, las predicciones con los resultados de la experiencia, ilustrando cuanto quieren comunicar, tornándolo TODO tan fácil como agradable.

5. ESTILO LITERARIO Y «ESTILO HABLADO»

Prepararse para hablar bien es hacerlo **con tiempo, por escrito y en «estilo hablado».** Esto significa trocar las expresiones propias de la composición literaria en las formas corrientes de la expresión oral. Con ello, la exposición se hace más «ligera» y comprensiva.

Decimos **trocar,** porque sobre todo al comienzo no es fácil escribir directamente en «estilo hablado». Unos más, otros menos, tienen la tendencia, propia del entrenamiento escolar, de hacerlo en estilo literario. Frases un tanto largas, palabras no del todo corrientes, expresiones inusuales en la comunicación de cada día. Por esta razón, sugerimos **como más práctico** que se redacte de la forma que resulte cómoda. Luego, ensayar el «ajuste» del escrito párrafo por párrafo, renglón por renglón. «Esto que aquí se dice», «¿cómo se diría de un modo más simple?»... «Esta frase larga», «¿podría acortarse?» «¿Qué palabras se tendrían que reemplazar y por cuáles?» «Conversando naturalmente», «¿cómo lo diría?»

A poco que trabaje, el tratamiento dará su fruto e irá sedimentando la costumbre. Al cabo de un tiempo será capaz de manejarse con la soltura propia del estilo oral.

El estilo literario ha sido la causa del fracaso de muchos y buenos discursos, tanto si han tenido que ser leídos como recitados de memoria. De lejos se «reconoce» esa suerte de «insinceridad» propia de los estilos literarios pomposos, rebuscados o formales hasta la exageración. Pero ¿acaso todo esto quiere decir que con el público hay que **charlar**? Pues no exactamente. Se trata más bien de mostrar una forma de comunicación que sea MÁS DIRECTA; propia de quien tiene cuestiones útiles, importantes o no, pero dignas de ser expresadas libremente.

A las consideraciones apuntadas sumamos los ejercicios que vienen a continuación. Su práctica regular ha de contribuir a dar facilidad de redacción y soltura con el manejo del vocabulario.

EJERCICIOS

1. Adopte la práctica de llevar consigo elementos para escribir. Vaya anotando TODO lo bueno que se le ocurra. Luego componga con ese material un archivo-registro de fácil consulta.
2. Cada dos o tres días trate de definir, interpretar y explicar un pensamiento o una idea. Escriba primero sin mayores cuidados. Al día siguiente procure dar mayor precisión al escrito. Acábelo convirtiéndolo al «estilo hablado».

3. De un buen autor, seleccione un párrafo de unas veinte o veinticinco lineas. Estúdielo. Aprecie su estilo. Descubra la frase más importante y las que se le subordinen y complementen. Déjelo a un lado. Trate ahora de decir lo mismo. Para ello, construya un párrafo de la mejor manera posible. Hágalo dentro de los límites de su propio vocabulario. Luego, COMPÁRELOS y aprecie las diferencias.

6. FLUIDEZ, IMÁGENES, SENCILLEZ

Si la preparación ha sido correcta, cuanto se pretenda decir estará plasmado en determinado número de folios. Estarán allí las figuras, emergiendo por gracia de los giros del lenguaje hablado. El texto fluido, dosificado con ejemplos válidos, tendrá la fuerza expresiva de la claridad y de la SENCILLEZ. Faltarán los últimos retoques. No más afinar problemas de VOCABULARIO, ni paliar detalles de la FORMA. Ahora toca la **prueba de los EFECTOS...**

Relacionar medidas y proporciones para situarlas ante la naturaleza del compromiso y las posibles circunstancias que puedan rodear el acto.

La INTRODUCCIÓN, además de fijar el objetivo, tendrá la responsabilidad de completar la imagen propicia. Recordemos que esta imagen tiene que venir dada por el comportamiento corporal previo al momento de hablar. Las primeras palabras tendrán la misión de crear el «clima» conveniente, poniendo de relieve la **buena voluntad del que habla.** Inmediatamente después, puede venir el HUMOR, si cabe, o la simple técnica de identificación con el auditorio. Esta se suele hacer efectiva con el recurso de comunicar experiencias, antecedentes, creencias, razones, que sean válidos para todos. Esta forma de comenzar, siempre que no resulte «forzada», cae bien.

El segundo paso será dejar **el objetivo claramente determinado.** Esto puede lograrse derivando desde cualquier imagen, figura o tesis bien seleccionada. A tal fin, puede servir una anécdota, una comparación, un dicho popular, un lema muy conocido, las palabras de un pensador ilustre, una parábola, un breve cuento, una afirmación, y también una o dos preguntas hábilmente formuladas. Aquello que convenga tendrá que ser expresado de modo que monopolice los sentimientos del público.

El OBJETIVO, inequívocamente claro, ha de tener la virtud de concretar un problema o una cuestión que los presentes se hayan planteado; cuestión o problema cuya forma de considerar o de resolver constituirá el **servicio** que en definitiva, el que habla, viene a prestar. McFarland, en este sentido, cita el caso de un ministro evangelista que decía necesitar cuatro semanas para poner en marcha una buena campaña de su culto. La fórmula la expresaba así: «Paso las dos primeras semanas de prédica mandándolos al infierno y las otras dos sacándolos de él. Después que he acabado de enseñarle a la gente la dificultad en que se hallan y adónde irán a parar, me están inmensamente agradecidos por cualquier ayuda que les preste». La cita de McFarland no podría ser más ilustrativa, por lo que no parece necesario hacer más comentarios [2].

---

[2] Kenneth MCFARLAND: *Elocuencia para hablar en público,* 3.ª ed. en español, México, 1966, pág. 122.

Enseguida viene el **cuerpo de la exposición.** Es ahí donde están comprendidos los temas seleccionados para desarrollar. En él habrá que poner a prueba formas y modos que se ensayan para mostrar EN QUÉ deben traducirse las ideas, los estudios, los trabajos, para terminar o para resolver el problema o la cuestión planteada.

Ya dijimos que los temas y subtemas NO DEBERÍAN SER MUCHOS. Más bien unos pocos puntos BIEN CLAROS. Aquí puede favorecernos el haber elaborado la exposición por medio de BOSQUEJOS POR TEMAS, que darán la necesaria «flexibilidad» al conjunto. También los asuntos que en función del tiempo disponible para hablar, y la situación del auditorio, serán tratados o dejados para mejor ocasión, y las cuestiones de última hora. Los bosquejos «prefabricados» deberán ensamblarse perfectamente con las partes correspondientes, para abundar en aquello que sea útil o quitar lo que ha dejado de considerarse como tal.

Por último, cabe poner a prueba la CONCLUSIÓN. Esto es lo que el público podrá «llevar a su casa». Su misión es la de FIJAR, definitivamente, el OBJETIVO. Si el discurso fue de ACCIÓN, el público tendrá que ponerse a «trabajar». Si el objetivo era DIVERTIR, pues «morir de risa». Si se trataba de comunicar informes, llevar «prendidos» unos POCOS asuntos CLAROS. Pocos, pero buenos, suficientes como para dar luz a nuevas reflexiones.

La conclusión debe tener VIGOR. Es la fuerza del impacto, la presión del choque bien dirigido. La que **estampa** con huellas indelebles aquello que se DA. Por eso hay que ensayarla bien. Repetirla incansablemente. Poner una y otra vez a «prueba» el **poder de la sencillez,** el brío y la potencia de su capacidad «matrizadora».

Cumplida esta última etapa, todo está dispuesto. Cabe decir aquello en alta voz; NO DE MEMORIA, recurriendo, de tanto en tanto, a buscar el apoyo del escrito. Téngase presente que las ideas, gracias a la preparación, habrán quedado claras. Que ahora se trata de EXPONERLAS con otras palabras o, cuando menos, SIN INTENTAR usar en todos los casos las que hayan sido recogidas en el texto. En esta tarea, el **magnetófono** puede prestar un gran servicio. Hay que hacer la exposición completa y luego escucharla, y hasta «verla» si fuera posible [3]. Aquí, señalar lo que corresponda corregir, revisar, enmendar.

Auscultados los pequeños fallos, tenerlos a la vista y superarlos. Por último, dedicarse a confeccionar el GUIÓN.

7. EL GUIÓN: CONFECCIÓN Y EMPLEO

Una cuidadosa preparación termina con el GUIÓN bien elaborado. Esto significa que habrá de cumplir un papel que va más allá de la simple misión recordatoria. Tiene que configurar una guía clara que «sostenga», por así decir, el curso de la exposición. A tales efectos sus indicadores destacarán las gradaciones que haya que cuidar en las cuestiones más importantes.

Como «ayuda-memoria», el GUIÓN presta grandes servicios. No hay que dejar de tener en cuenta que los nervios propios de las circunstancias obnubilan la mente y dificultan el trabajo. Por esto, además del ORDEN que se corres-

---

[3] Hoy esto último puede hacerse con el empleo del videotape, que se ha constituido en un perfecto «colaborador» para la más exigente preparación.

ponderá con el esquema de base, tendremos apuntadas las notas escuetas que concurran a precisar todo lo que pueda correr el albur de la omisión por causa del OLVIDO.

❋   ❋   ❋

La materialización del GUIÓN también es fundamental. Tiene que poder consultarse A DISTANCIA con naturalidad, sin **«ostensible» esfuerzo.** Recordemos esas imágenes de ciertos oradores consultando notas en medio de la exposición; alejando el papel con el impulso cegatón del «nervio de los 40». Nada más inapropiado. Lo dicho demanda la más fácil LECTURA A DISTANCIA.

Un solo golpe de vista debe ser suficiente para coger lo necesario en cada momento. De ahí que nos permitamos recomendar la confección del guión con LETRAS «GRANDES» DE IMPRENTA, caso de no contar con una máquina de escribir con tipografía especial[4]. De todas formas, pensamos que lo más conveniente puede ser la letra de imprenta del futuro lector, que terminará resultándole la más SEGURA DE LEER. Téngase en cuenta que el GUIÓN debe «sugerir», NO «recordar». Sus notas previenen sobre pensamientos COMPLETOS. No deben ir suministrando «palabras apropiadas», ni recordando las más selectas recogidas en el original.

Por último, digamos que puede resultar muy práctico el uso de colores previamente codificados; pero esto de la

---

[4] Hemos conocido máquinas con tipografía «titulera» que definitivamente NO SON BUENAS respecto de lo que sugerimos. Tiene que ser tipografía GRANDE. pero con MAYÚSCULAS y MINÚSCULAS y bien «entintadas» para dar el mayor contraste posible. Lo que aquí decimos para la confección del GUIÓN debe considerarse reproducido respecto de la puesta en «limpio» del discurso que será leído en público.

«codificación» tiene sus problemas. Lo más eficaz es regirse por los colores que tengan una simbología clásica: ROJO para el peligro, AMARILLO para la precaución, VERDE para la «vía libre», AZUL para las citas textuales.

Las variables apuntadas podrían matizar un buen guión, de la siguiente forma: subrayados de ROJO vendrían los asuntos que tienen que ser necesariamente abordados; de AMARILLO las palabras «claves» que podrían corresponderse con el uso del HUMOR; de AZUL las relaciones de conceptos que deban ser expuestos con TODAS LAS PALABRAS DE LA FUENTE, y también las FECHAS, las CIFRAS y cualquier otro dato de PRECISIÓN, como las palabras científicas o técnicas que tengan obligada relación.

Si el guión se prolonga en DOS folios o más, NUMÉRESE HOJA POR HOJA. Que sea muy fácil ponerlas en ORDEN. Es mejor que los números se consignen ARRIBA Y ABAJO. Los datos y NOTAS, **bien separados.** No hay que temer EXTENDERSE. Téngase presente que un GUIÓN ES, O DEBE SER, SOBRE TODO, UNA FUENTE DE «CLARIDAD».

8. PUESTA «EN LIMPIO» DEL DISCURSO QUE SERÁ LEÍDO EN PÚBLICO

Al TRANSCRIBIR el discurso que leerá en su día, cuide de respetar los siguientes detalles, que han sido pensados con el objeto de potenciar su mejor imagen, prevenir los fallos de percepción y posibilitar una lectura eficaz y, sobre todo, «SEGURA»:

a) Utilice papel blanco de tamaño folio.
b) Si está a su alcance, transcríbalo a ordenador. Asegúrese de que la impresión pueda tener un uniforme y

fuerte contraste de color NEGRO; utilice MAYÚSCULAS
Y MINÚSCULAS.

c) Comience a escribir en la parte superior, dejando
solo UN CENTÍMETRO de margen por encima de la primera línea.

Cubra el papel reservando amplios márgenes a derecha e izquierda (4 o 5 centímetros a cada lado).
Deje «EN BLANCO» el 40 por 100 de cada hoja en su
margen inferior. Este aparente «derroche» de papel
valdrá para que cuando LEA no baje ostensiblemente
la cabeza marcando arrugas y papadas y afectando
la zona de fonación.

d) Escriba en UNA SOLA CARA.

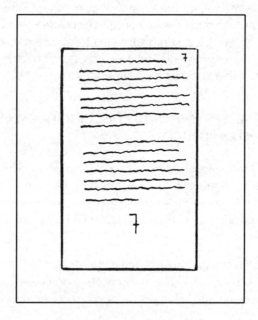

e) Numere todas las hojas a mano y **bien destacado** en un espacio que deberá destinar al efecto en cada ÁNGULO SUPERIOR DERECHO y en el CENTRO del abultado margen inferior (Fig. 13).

f) Al transcribir cada renglón, hágalo sin CORTAR las palabras. No importa que el margen DERECHO no quede «igualado» verticalmente o alineado; le va en ello una parte importante de la «SEGURIDAD» en su posterior lectura.

g) Marque la zona de aplausos. Nadie mejor sabe cuándo deberían producirse. Esta marca se sumará a la de los recursos para «NO PERDERSE» que sugerimos en el ESCALÓN VII.

h) Escriba cada línea a «DOBLE» espacio y deje TRES ESPACIOS Y MEDIO después de cada punto y aparte.

Todos estos detalles son indispensables para poder realizar preciosas prácticas en la lectura de un discurso. Resultan además muy valiosos cuando la lectura simplemente constituya un ejercicio como el que proponemos más adelante. Son de RIGOR PARA LA CONFECCIÓN DEL DISCURSO QUE HABRÁ DE SER LEÍDO EN PÚBLICO.

No podemos, en aras de una mal entendida naturalidad, prodigar nuestros defectos. ¡Preparémonos! Es un deber humano prodigar virtudes.

RESUMEN

Expresión oral y comunicación del pensamiento

EXPOSICIÓN ORAL FLEXIBLE

La conciencia de lo que se quiere conseguir debe orientar una buena preparación. Para ello cabe tener clara la mirada hacia el OBJETIVO y combinar todos los valores útiles para conseguirlo, cubriendo las tres partes esenciales del discurso: INTRODUCCIÓN, CUERPO y CONCLUSIÓN. La introducción fija el objetivo. El cuerpo tiene que hacer «ver» en qué consisten los argumentos que respaldan esos objetivos. La conclusión tiene que afirmarlos y dejarlos claramente fijados. El cuerpo puede constituir el elemento «flexible», y estar en condiciones de regularse convenientemente según lo aconsejen las circunstancias propias del momento; para ello ha de construirse con bosquejos por temas.

CONSTRUCCIÓN DEL ESQUEMA DE BASE

Quien se dispone para hablar en público cuenta con determinadas ideas que pugnan por manifestarse. Esa suerte de «propiedad» es la que hay que descubrir cuando llega la hora de prepararse. A tal fin conviene determinar por ESCRITO el OB-

JETIVO teniendo presente a los destinatarios. Luego, «echar fuera» lo que se cree saber acerca del asunto, procediendo a escribir ininterrumpidamente hasta «decirlo todo» en unos cuantos folios. Por último, reagrupar y reordenar el contenido, señalando, y con ayuda de tijeras recortando y ordenándolo por temas y pegándolo en nuevos folios. El nuevo trabajo permitirá subrayar, de los párrafos reagrupados, las ideas principales y secundarias, orientando la conclusión hacia un PLAN.

COLABORACIÓN DEL SUBCONSCIENTE

El esfuerzo antes prodigado pone a trabajar al subconsciente. Desde ese momento debemos tener a mano los medios para tomar notas. Las ideas irán madurando y produciendo nuevos resultados que será preciso recoger y luego ordenar junto con el producto de las lecturas complementarias. A la luz, y con la guía de todos estos elementos, puede comenzar la tarea de redacción del primer ORIGINAL.

MOVILIDAD DE LOS NIVELES DE ABSTRACCIÓN

El primer ORIGINAL es el fruto de reunir las ideas y de volcar los sentimientos en el papel con el orden y la longitud debidas. Entraña explicar los pensamientos escogiendo unas características y despreciando otras. Este proceso resulta indispensable. Lo que debe preocupar no es que tales características pertenezcan o no a los más altos niveles de abstracción, sino que estén referidas a niveles inferiores; es decir, con posibilidades de transmitir, de forma más o menos clara, lo que se pretende comunicar. En este sentido, cabe recordar que un ejemplo vale más que un concepto.

Estilo literario y estilo «hablado»

Prepararse para hablar bien es hacerlo con tiempo, por escrito y en «estilo hablado», que significa trocar la composición literaria en las formas corrientes de la expresión oral. Téngase presente que el estilo literario ha sido la causa del fracaso de no pocos discursos, hablados o leídos, pues aparece menos «sincero». Esto no quiere decir que con el público haya que «conversar», sino comunicar las ideas con un estilo llano y directo.

Fluidez, imágenes, sencillez

Si la preparación ha sido correcta, el texto fluido vendrá clarificado por los ejemplos, las comparaciones y las imágenes que contribuyen a precisarlo. En esta etapa está la prueba de los EFECTOS, que se remata con el «pulido». Se trata de ver hasta dónde su desarrollo es capaz de dar a las tres grandes partes del discurso sus respectivas responsabilidades. Advertir si fija claramente el OBJETIVO y la forma en que este puede llegar a producir los resultados esperados.

Toca por fin «pulir». Revisar los detalles gramaticales, ortográficos y de puntuación. Por último, ensayar la exposición completa, grabándola para advertir los pequeños fallos y disponerse a superarlos.

El guión: confección y empleo

Una cuidadosa preparación termina con el guión bien elaborado, para que cumpla con la misión de «sostener» el curso de la exposición. El guión es, también, un ayuda-memoria. Su papel, en este sentido, se agradece sobre todo cuando los nervios pueden trastornar el orden y los contenidos básicos de la comunicación. Por esto, un buen guión tiene que ofrecer una muy fácil consulta a DISTANCIA. El texto debe ir en letras grandes, y destacadas con colores u otros efectos las distintas cuestiones.

PUESTA «EN LIMPIO» DEL DISCURSO QUE SERÁ LEÍDO

El discurso que será leído tiene que ser transcrito cuidando todos los extremos que permitan potenciar la imagen del orador y «asegurar» su correcta lectura. Además valdrá para prevenir situaciones especiales como la oportunidad de los aplausos y el accidente que pueda producir la dispersión de sus hojas.

TABLA DE EJERCICIOS

ESTILO LITERARIO Y ESTILO «HABLADO»

Escribir de forma sencilla y clara no es fácil, pues requiere un entrenamiento y una dedicación que no debe ser esporádica, sino regular. Los ejercicios 1, 2 y 3 proporcionan los elementos indispensables a tener en cuenta y las prácticas propicias.

Ejercicio 1. Conviene tomar nota regular de una cuestión por día traducida en un párrafo que la explique brevemente.

Ejercicio 2. Esta práctica regular proporcionará con el tiempo una fluidez notable. Realícese cada dos o tres días hasta convertirla en agradable costumbre.

Ejercicio 3. Repetimos lo dicho para el ejercicio anterior. De forma ideal, este puede alternarse con aquel.

Prácticas de expresión oral-corporal y coordinación física

ESCALÓN VII

1. Manera de actuar con ayuda de diversos medios y recursos técnicos

   a) *Amplificación de la voz*
   b) *Radiodifusión*
   c) *Cine, videotape y televisión*

2. Lectura del discurso
3. Importancia y efectos de los aplausos

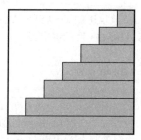

HEMOS VENIDO DESARROLLANDO nuestra labor, presentando modelos, ejercicios, prácticas y recomendaciones. Unos y otras persiguen elaborar un conjunto armónico que sirva de digno marco a la expresión oral en todas sus formas. En el cenit de los esfuerzos que puedan prodigarse en este sentido, vemos la fusión operativa de DOS LENGUAJES dispuestos para el servicio del VERBO: el lenguaje de la PALABRA y el lenguaje de la IMAGEN. Ahora queremos ocuparnos de detalles que pueden venir a favorecer esta tarea de «progreso», detalles que hay que conocer so pena de desaprovechar y hasta contrariar lo que se cuida para la cosecha de los más granados frutos.

Nos referimos concretamente a los MEDIOS para la amplificación de la voz, como la RADIO, o para la proyección y aprovechamiento de la imagen y el sonido, como el CINE, el VIDEOTAPE y la TELEVISIÓN. En todos los casos, hay que conseguir «funcionar» SIN SUBORDINARSE A LOS MEDIOS o recursos técnicos, de forma que solo valgan para servir a sus superiores y específicos cometidos.

A fin de practicar con el mayor aprovechamiento, nos permitimos recomendar el uso del magnetófono. Caso de no disponer de uno, sustitúyalo por un VASO o cualquier objeto de un tamaño aproximado a los micrófonos corrientes de la radio.

1. MANERA DE ACTUAR CON AYUDA DE DIVERSOS MEDIOS Y RECURSOS TÉCNICOS

a) Amplificación de la voz

Los medios de amplificar la voz tienen que ser usados cuando sean INDISPENSABLES para llegar con precisión al auditorio. Mientras el que habla pueda conseguir que le «reciban» a costa de forzar un tanto el tono de la voz, deberá preferir este pequeño sacrificio. Los buenos equipos de amplificación, que disponen de filtros especiales, permiten los más sofisticados recursos sonoros; así también exigen, de parte del que los utiliza, una mayor «vibración espiritual» en el empeño.

No habiendo más remedio que apelar a ellos, recomendamos tener en cuenta lo siguiente:

1. No trate de convertirse en un profesional de la radiotelevisión. Hable sin «forzar» el tono de su voz. Hágalo NATURALMENTE, cuidando la EXPRESIVIDAD de su rostro y la soltura de su cuerpo.

2. Concentre la emisión de la voz en forma DIRECTA sobre el micrófono. Sitúese de manera que, si tiene que leer y, obviamente, mover rostro y cabeza por necesidades del énfasis, labios y micrófono están siempre conservando una línea RECTA y una distancia uniforme. Tomando como eje de giro el micrófono podrá mover la cabeza y realizar todas las cadencias y movimientos propicios.

3. Controle la **DISTANCIA de sus labios al micrófono.** Debe conservar SIEMPRE **LA MISMA,** ya que de otro modo la voz llegaría con «oleadas» desagradables a

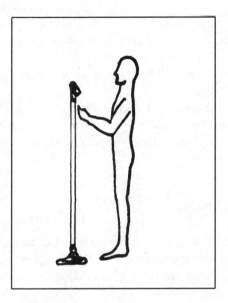

su destino y se perderían en el vacío buena parte de sus esfuerzos. En cada ocasión, consulte con los técnicos de sonido la **distancia que deberá guardar** para no sobrecargar el volumen de amplificación.

Teniendo en cuenta lo recomendado precedentemente, siéntese a una mesa. Coloque el micrófono del magnetófono, o el elemento que haga sus veces, frente a su rostro. Sitúese de forma que, SIN AFECTAR UNA POSTURA ERGUIDA, haya unos veinte centímetros de sus labios al micrófono.

Hable durante CUATRO MINUTOS. Apele a realizar TODOS los giros propios de un énfasis teatral. Atienda al movimiento de sus cejas, de sus párpados, de sus mejillas, y a las cadencias apropiadas y naturales de su cabeza. Cuide

en todo momento de conservar EXACTA LA DISTANCIA Y LA DI-
RECCIÓN de su boca respecto del micrófono o elemento que
haga sus veces.

Ha llegado al final y agradece los aplausos «¡¡Gracias!!»...
«¡Muchas gracias!»...

Si registró su actuación, reprodúzcala y analícela con especial cuidado. Señale los fallos. Descubra sus aparentes
razones. Luego practique sucesivamente hasta conseguir
eliminarlos.

b) Radiodifusión

La actuación por radio requiere de los mismos o pare-
cidos cuidados mencionados más arriba; pero a todo ello
debemos agregar un factor muy importante. Cuando se habla por radio, y eso suele ocurrir a no pocos profesionales,
se tiene la confianza que suele dar el «anonimato» de la imagen. La voz llegará a destino, la imagen NO. Sin embargo,
TODO cuanto contribuye a dar brillo y lucidez a la calidad
expresivo-significativa de la IMAGEN FAVORECE DIRECTAMENTE
la emisión de la voz.

Hay una influencia DECISIVA entre los sentimientos y su
manifestación corporal, entre ESPÍRITU Y FISIOLOGÍA. Si la expresividad es auténtica y sentida y viene APOYADA con la
imagen propicia, la capacidad de PERSUASIÓN será considerablemente potenciada en la radiodifusión del «mensaje»[5].

Teniendo en cuenta este curioso detalle, practique por
espacio de CUATRO MINUTOS. Hable. Al hacerlo, sienta y trate

---

[5] Empleamos la palabra «mensaje» refiriéndonos al CONTENIDO de la
comunicación.

de «ver» a su audiencia. Procure «alcanzarles» con la intensidad expresiva, vibrante, de TODO SU CUERPO, llegará a destino con la múltiple riqueza de todos sus tonos y matices, a fin de servir al éxito de su misión.

c) Cine, vídeo y televisión

Para actuar ante las cámaras de cine, vídeo y televisión cabe solo un consejo que no puede seguirse sin el adecuado entrenamiento: SER «NATURAL»; es decir, manifestarse con el equilibrio y la dotación expresiva que CORRESPONDA con aquello que diga y haga.

Las prácticas recomendadas a continuación servirán para favorecer un óptimo comportamiento a tono con los detalles técnicos que forjan la mejor imagen en cine, videotape y televisión.

1. *Cine*

Escoja una mañana normal y corriente de su vida. Imagine que toda una legión de técnicos y cámaras se disponen a seguir sus «evoluciones». Compórtese como le resulte habitual a su manera de ser; pero sienta una IMPLACABLE PERSECUCIÓN hacia TODOS LOS ASPECTOS DE SU «IMAGEN», y en «TODO» momento. Con ayuda de su imaginación, aprecie el ESPACIO que su cuerpo ocupa cada instante. Deléitese con la visión sensitiva de su realidad corporal. Ostente sentimientos de dicha, de bondad. Muéstrese particularmente AFECTUOSO. Maneje sus desplazamientos cuidando de exhibir una figura delicada, sostenida por la rutina grácil y de-

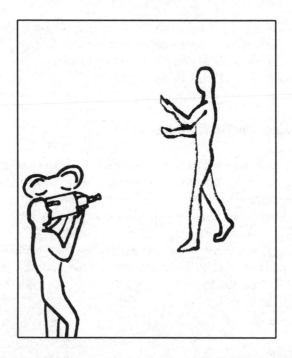

senvuelta de un comportamiento natural. Conserve siempre una postura ERGUIDA, DIGNA, sin arrogancia, cordial. Penetre TODOS LOS DETALLES. Su público lo «VE». Las cámaras registran y «destacan» los más mínimos defectos y también, por qué no decirlo, las buenas cualidades y los «aciertos». No se descuide. No se deje llevar por ningún IMPULSO. Desarrolle la práctica durante media hora, sin interrupción, una vez por semana. Conseguirá notables beneficios sin ocasionarle gran molestia.

Con el vídeo y la televisión, además de los detalles que hasta el momento hemos comentado, convendrá cuidar los siguientes:

2. *Vídeo y televisión*

a) Mire a la cámara principal DE FRENTE. Esta debe ser su GUÍA.

b) Sostenga en todo momento el cuerpo ERGUIDO y distendido para que la imagen recoja **las mejores proporciones del conjunto.**

c) Si tiene que dialogar con otro, hable por un instante en su dirección, luego, con suave movimiento, vuélvase hacia el OBJETIVO. Sustituya regularmente al entrevistador con los telespectadores, pues de esta forma se verán «envueltos» en el asunto.

Con el fin de ir acostumbrándose, simule una cámara de televisión. Después hable durante CUATRO MINUTOS. Al hablar

reduzca su parpadeo, fundamentalmente mientras expone las cuestiones más importantes. Movilice las cejas, pómulos y párpados. MUEVA LAS MANOS. Permítase todos los ademanes que se correspondan con sus palabras, pero NO ABUSE de ellos. No las proyecte hacia arriba o hacia fuera, pues escaparían del marco ideal. Todo el tiempo debe situar su rostro de forma que pueda verse reflejado en el objetivo. No salga del enfoque. Al practicar, puede colocar un espejo pequeño que haga las veces de la cámara. Cuide que sus manos NO SE MUEVAN NUNCA delante de su rostro o de su cuerpo, pues aparecerían superpuestas en planos desagradables o ridículos. Deposite la mayor responsabilidad expresiva en su rostro y cabeza. Guarde en todo momento una postura «suelta», cómoda, ERGUIDA.

Si piensa que puede estar «lejana» su posibilidad de «tropezar» con un monitor o cámara de televisión, recuerde que el videoteléfono, y actualmente el vídeo, comienzan a utilizarse por numerosas empresas y organizaciones. Muy pronto estos ingenios estarán al alcance de todos los presupuestos, pues forman ya parte del patrimonio de un creciente número de familias de distinta condición. Es más, pensamos que, en un futuro no lejano, la imagen especialmente «cultivada» constituirá la mejor «tarjeta de visita».

2. LECTURA DEL DISCURSO

El primer acierto con la lectura de un discurso descansa sobre su redacción en «estilo hablado» y su CORRECTA «puesta en limpio»; el segundo, sobre los detalles que hacen a la mejor forma de ACTUAR. De lo primero nos hemos ocupado oportunamente; de lo segundo ofrecemos a continuación algunas recomendaciones que podrán contribuir a paliar los problemas que esta forma de expresión lectora suele plantear:

1. Si ha de sostener el discurso entre sus manos, NO JUEGUE, ni estropee nerviosamente el papel.
2. El «estilo hablado» le dará tiempo para que «respire». NO SE PRECIPITE. Levante la vista frecuentemente, SIN ESPERAR A LOS PUNTOS Y APARTE.
3. Cada vez que llegue a un PUNTO Y «SEGUIDO», diga las tres o cuatro últimas palabras mirando «francamente» a su público. Luego regrese al papel y, con la vista, retenga las dos, tres o cuatro que siguen, para DECIRLAS, otra vez, MIRANDO AL FRENTE.

   Haga lo propio con los puntos y aparte, con algunas comas «sucesivas», con el punto y coma y los dos puntos y, por supuesto, CON EL PUNTO «FINAL».
4. Cuando le toque levantar la vista, *controle la «ALTURA» en que ha quedado*. Esta precaución valdrá de suficiente «memoria» para proseguir. Si trabaja sobre un atril de pie o mesa, podrá valerse de un dedo «pulgar», para seguir las líneas sin que nadie pueda advertirlo.
5. Si, por desgracia, **se pierde,** NO SE ALTERE. Serénese y relacione mentalmente lo que venía exponiendo. Para que esto no le ocurra, cumpla prolijamente con las instrucciones dadas en el apartado correspondiente [6].
6. El énfasis de lo que diga mientras lee, NO LO EXPRESE «MIRANDO AL PAPEL». Reduzca la expresión durante la lectura y acentúela cuando mire al público o a la cá-

---

[6] Subtema 8, cap. 7, pág. 232.

mara. De no ser así podría aparecer como el primer «asombrado» de lo que allí reza.

7. NUNCA CONFÍE EN SUS HABILIDADES LECTORAS. Lea su discurso dos, tres, cuatro, cinco, DIEZ veces, como parte de su preparación. Tiene que dar sensación de que LEE; pero que sería más o menos igual si no lo hiciera. Para ello, grabe la última lectura. Reprodúzcala y detecte los pequeños fallos. Vuelva a leer y corríjalos.

8. Si necesita leer con GAFAS, ajústelas de forma que no le caigan sobre la nariz, y tenga que colocarlas en su sitio «a cada momento». Recuerde que las luces y los nervios le provocarán la suficiente sudoración como para que «resbalen».

Procure que la montura DEJE VER CLARAMENTE SUS CEJAS. Desprecie las patillas «anchas» y «doctorales», pues tenderán a «esconderle».

Practique realizando lecturas en ALTA VOZ durante diez minutos diarios. Registre periódicamente alguna lectura y controle sus progresos. Cuando practique, hágalo ante un espejo. Obsérvese mientras imagina que tiene público delante. Muéstrese jovial. Practique los movimientos de ER-GUIRSE mientras levanta «FRANCAMENTE» la vista del papel, y también los de «volver al mismo». No olvide que deben ser SUAVES y gráciles. El entrenamiento le dará rápidamente una gran destreza y no pocas satisfacciones.

3. IMPORTANCIA Y EFECTOS DE LOS APLAUSOS

Salvo en la iglesia, o en cuanto medien situaciones angustiosas y tristes, consígase unas personas de su confianza que **aplaudan al final.** NO LO DESCUIDE. Debemos conseguir que, a estas «alturas», no se arruinen los más ilusionados propósitos. Creemos sinceramente que sugiriendo estas precauciones no ponemos en entredicho nuestras buenas intenciones pedagógicas, ni deterioramos la más elevada concepción de todo cuanto hemos venido proporcionando.

UN APLAUSO «a tiempo» garantiza el éxito de la buena conclusión. Téngase presente que, para bien de las responsabilidades en juego, «TODO» TIENE QUE SALIR PERFECTO, y que la palabra también **requiere de muestras «AFECTIVAS»** para producir sus efectos.

Tener conciencia de lo que no se puede hacer... Y luego ir y realizarlo... Esta es la «regla de oro».

Bibliografía

ARIAS, Aníbal: *Radiofonismo,* A. Vasallo Editor, Madrid, 1964.

ARISTÓTELES: Retórica, Ediciones Aguilar, S. A., Madrid, 1968.

BIZE Y GAUQUELIN: *El equilibrio del cuerpo y de la mente,* Ediciones Mensajero, Bilbao, 1972.

BURTON, KIMBALL y WING: *Hacia un pensamiento eficaz,* Troquel Editorial, S. A., Buenos Aires, 1965.

CARNEGGIE, Dale: *Cómo hablar e público e influir en los hombres de negocios,* Ediciones Cosmos, Buenos Aires, 1959.

CARREL, Alexis: *La conducta en la vida,* Editorial Guillermo Kraft, Ltd., Buenos Aires, 1953.

CARRILLO SEVILLANO, Ángel: *La técnica de la voz,* Editorial Perpetuo Socorro, Madrid, 1966.

CATTA, René Salvador: *Cómo hablar en público,* Ediciones Mensajero, Bilbao, 1972.

CAZENEUVE, Jean: *Sociología de la radiotelevisión,* Editorial Paidós, S. A., Buenos Aires, 1967.

CHARDIN, Teilhard de: *La energía humana* Taurus Ediciones, S. A., Madrid, 1967.

CHAUCHARD, Paul: *El dominio de sí mismo,* Ediciones Guadarrama, Madrid, 1966.

— *Timidez, voluntad, actividad,* Ediciones Mensajero, Bilbao, 1971.

CONQUET, André: *Cómo comunicar,* Ibérico Europea De Ediciones, S. A., Madrid, 1968.

DE BONO, Edward: *La práctica de pensar,* Editorial Kairós, S. A., Barcelona, 1973.

FAST, Julius: *El lenguaje del cuerpo,* Editorial Kairós, S. A., Barcelona, 1971.

GARCÍA CARBONELL, Roberto: *Lectura rápida para todos,* Editorial Edaf, Madrid, 1979.

GAUQUELLN, Françoise: *Saber comunicarse,* Ediciones Mensajero, Bilbao, 1972.

GUITTON, Jean: *Aprender a vivir y a pensar,* Editorial Goncourt, Buenos Aires, 1968.

HAYAKAWA. *El lenguaje en el pensamiento y en la acción,* Ediciones Uthea, México, 1967.

HOWARD, Jane: *Tóqueme, por favor,* Editorial Kairós, S. A., Barcelona, 1973.

IRALA, Narciso: *Control cerebral y emocional,* Editora El Mensajero del Corazón de Jesús, Bilbao, 1963.

— *Eficiencia sin fatiga,* Editorial El Mensajero del Corazón de Jesús, Bilbao, 1971.

ISERTE, Salvador: *El arte de agradar,* Editorial Leo, Buenos Aires, 1961.

JACOBSON, Edmund: *Aprenda a relajarse,* Compañía General Fabril Editora, Buenos Aires, 1960.

JAGOT, Paul: *La educación del estilo,* Editorial Iberia, S. A., Barcelona, 1964.

— *El arte de hablar bien y con persuasión,* Editorial Iberia, S. A., Barcelona, 1968.

JAY: *La nueva oratoria,* Editorial Técnica, S. A., México, 1972.

KHOLER, Marianne: *La relajación,* Editorial Diana, México, 1973.

LAFUERZA, N. D.: *El arte de hablar en público,* Editorial Hobby, Buenos Aires, 1969.

LECLERQ, Jacques: *Diálogos del hombre y de Dios,* Ediciones Descleé De Brouwer, Buenos Aires, 1944.

LEFEBURE, Francis: *Respiración rítmica y concentración mental,* Editorial Kier, S. A., Buenos Aires, 1973.

MASLOW, Abraham H.: *El hombre autorrealizado,* Editorial Kairós, S. A., Barcelona, 1973.

MCFARLAND, Kenneth: *Elocuencia para hablar en público,* Sucesores de Herrero Hermanos, S. A., México, 1966.

NAVARRO, Tomás T.: *Manual de pronunciación española,* Consejo Superior de Investigaciones Científicas, Madrid, 1974.

NUTLEY, G. Stuart: *Conversar y convencer,* Editorial Bruguera, S. A., Barcelona, 1973.

ORAISON, Marc: *Psicología de nuestros conflictos con los demás,* Ediciones Mensajero, Bilbao, 1971.

— *Psicología de nuestras relaciones con los demás,* Ediciones Mensajero, Bilbao, 1971.

REPOLLES, José: *Cómo ser orador,* Editorial Bruguera, S. A., Barcelona, 1972.

ROOSEVELT, Eleanor: *Aprendiendo a vivir,* Editorial Central, Buenos Aires, 1965.

SENGER, Jules: *El arte de la oratoria,* Compañía General Fabril Editora, S. A., Buenos Aires, 1962.

SIEGFRIED, André: *El arte de hablar en público,* Editorial Central, Buenos Aires, 1957.

SIMMONS, Harry: *Técnicas para hablar en público,* Editorial Herrero Hermanos, México, 1965.

VARVELLO, L.: *Los secretos del conversador brillante,* Editorial De Vecchi, S. A., Barcelona, 1968.

VENDRELL, Emilio: *El canto,* Sucesor de E. Messeguer Editor, Barcelona, 1955.

VINCIGUERRA, Carlos: *Cómo convencer en la vida;* Editorial De Vecchi, S. A., Barcelona, 1970.

WOLFF, Charlotte: *Psicología del gesto,* Biblioteca Universal Miracle, S. A., Barcelona, 1966.